Javaで入門
はじめてのプログラミング
基礎からオブジェクト指向まで

飯塚 泰樹・大森 康朝・松本 哲志・木村 功・大西 建輔 共著

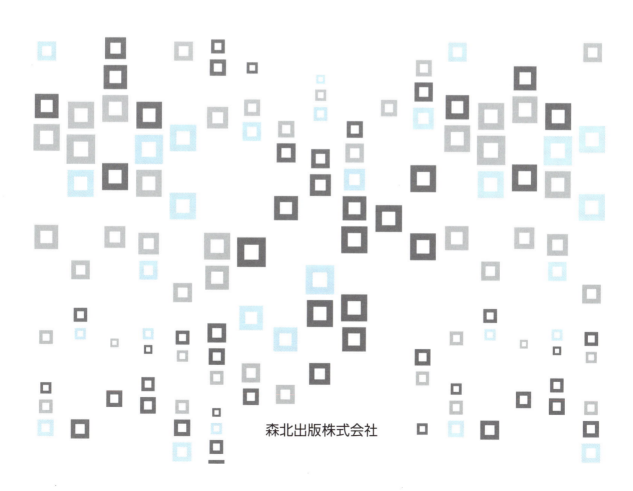

森北出版株式会社

● 本書のサポート情報を当社Webサイトに掲載する場合があります．下記のURLにアクセスし，サポートの案内をご覧ください．

https://www.morikita.co.jp/support/

● 本書の内容に関するご質問は，森北出版 出版部「(書名を明記)」係宛に書面にて，もしくは下記のe-mailアドレスまでお願いします．なお，電話でのご質問には応じかねますので，あらかじめご了承ください．

editor@morikita.co.jp

● 本書により得られた情報の使用から生じるいかなる損害についても，当社および本書の著者は責任を負わないものとします．

■ 本書に記載している製品名，商標および登録商標は，各権利者に帰属します．

■ 本書を無断で複写複製（電子化を含む）することは，著作権法上での例外を除き，禁じられています．複写される場合は，そのつど事前に(一社)出版者著作権管理機構（電話03-5244-5088, FAX03-5244-5089, e-mail:info@jcopy.or.jp）の許諾を得てください．また本書を代行業者等の第三者に依頼してスキャンやデジタル化することは，たとえ個人や家庭内での利用であっても一切認められておりません．

はじめに

　本書は，プログラミング言語を初めて勉強する人のための教科書です．近年は，プログラミングの入門段階でビジュアル言語を学んだことがある人もいるかもしれません．それらのビジュアル言語に対して，本書で扱う Java は，テキストとして書く本格的なプログラミング言語です．Java はパソコンのデスクトップアプリケーションやサーバのプログラムからスマートフォンのアプリケーションまで，趣味のプログラムから業務用プログラムまで，「非常に幅広い分野で」「実際に」使われているきわめて実用的な言語です．また，Java はオブジェクト指向言語とよばれる種類の言語であるため，オブジェクト指向という方法論についても学ぶことができます．そして Java を勉強しておけば，似た文法をもつ C 言語，C++ 言語，JavaScript 言語，C#言語なども比較的容易に習得することができるでしょう．Java は習う価値のあるプログラミング言語といってよいと思います．

　本書は学校の授業でも使いやすいように工夫されており，次のような特徴があります．

1. いきなり難しい言葉を使わないよう，新しい言葉には必ず説明をつけています．索引も充実させていますので，忘れてしまった言葉を調べることもできます．初心者を惑わす呪文は，必要になってから説明をしています．
2. 多くのプログラム例を載せています．初心者がプログラミングに慣れるためには，たくさんのプログラム例に接することが必要だからです．
3. 発展的内容には ◆ 印がついています．これは時間が足りない場合は飛ばして，後から読み直してもよい部分です．Note も少し詳しい説明なので，難しいと思ったら読み飛ばしてもかまいません．
4. 各章末には練習問題をつけています．多くの練習問題は，テキストの例プログラムを参考にして，あるいはヒントを参考にして，プログラムを作ることができるはずです．
5. 付録 A には単元にとらわれない課題が載っています．いろいろな工夫をしながらこれらの課題に挑戦することで，プログラミングを楽しんでもらいたいと思います．

本書にはその他にも様々な工夫が埋め込まれています．たとえば，変数の名前にはなるべく日本語のローマ字表記を使うことで，初心者でも，命令の名前と区別できるようにしています．是非，本書で，Java を通して，プログラミングという技を習得してください．

　本書の執筆にあたり，多大なご協力を頂きました東海大学情報数理学科のみなさま，本書を出版する機会を与えてくださいました森北出版のみなさま，そして丁寧な推敲をしてくださるとともに数えきれないほどの大変有益な提案を頂きました森北出版の宮地亮介様に御礼を述べさせていただきます．本当にありがとうございました．

2019 年 7 月　　　　　　　　　　　　　　　　　　　　　　　　　　　　　　　　飯塚　泰樹

目 次

第1章 プログラミングの第1歩 …… 1
- 1.1 プログラミングとは …… 1
- 1.2 Javaのプログラム …… 1
- 1.3 プログラムの要素 …… 2
- 1.4 バ グ …… 3
- 1.5 流れ図 …… 4

第2章 printとprintln 画面に文字を表示する …… 6
- 2.1 printとprintlnの使い方 …… 6
- 2.2 数値の計算と出力 …… 8
- 2.3 文字列の連結 …… 9
- 2.4 文 字 …… 10
- 2.5 特殊な文字 …… 11
- 練習問題 …… 12

第3章 入 力 データを読み込む …… 14
- 3.1 データ型と変数 …… 14
- 3.2 表示の整形 …… 17
- 3.3 数字の整形◆ …… 18
- 3.4 キャスト …… 19
- 3.5 データの入力 …… 21
- 練習問題 …… 25

第4章 if文 条件で分ける …… 27
- 4.1 if文の形 …… 27
- 4.2 条件式の作り方 …… 29
- 4.3 if文の組み合わせ …… 30
- 練習問題 …… 35

第5章 for文 決まった回数の繰り返し …… 36
- 5.1 for文の書き方 …… 36
- 5.2 1からある数までの総和 …… 39
- 5.3 for文とif文の組み合わせ …… 41
- 5.4 for文を使った二重ループ …… 42
- 5.5 カウントダウン◆ …… 44
- 練習問題 …… 45

第 6 章　定数と乱数　　便利な書き方　　　　　　　　　　　　　　　46

- 6.1 ｜ 定　数 ……………………………………………………………… 46
- 6.2 ｜ 乱　数 ……………………………………………………………… 47
- 練習問題 ………………………………………………………………… 50

第 7 章　while 文　　決まっていない回数の繰り返し　　　　　　　　51

- 7.1 ｜ while 文の書き方 ………………………………………………… 51
- 7.2 ｜ do-while 文 ……………………………………………………… 53
- 7.3 ｜ break, continue ◆ ……………………………………………… 54
- 7.4 ｜ for, while, do-while の比較 ………………………………… 56
- 練習問題 ………………………………………………………………… 56

第 8 章　配　列　　たくさんのデータを扱う方法　　　　　　　　　　58

- 8.1 ｜ 配列の宣言方法 …………………………………………………… 58
- 8.2 ｜ 配列の代入 ………………………………………………………… 65
- 8.3 ｜ 配列のコピー ……………………………………………………… 66
- 8.4 ｜ 配列と拡張 for 文 ◆ ……………………………………………… 66
- 練習問題 ………………………………………………………………… 67

第 9 章　多次元配列 ◆　　さらにたくさんのデータを扱う方法　　　　69

- 9.1 ｜ 2 次元配列の宣言方法 …………………………………………… 69
- 9.2 ｜ でこぼこな配列 ◆ ………………………………………………… 73
- 練習問題 ………………………………………………………………… 73

第 10 章　文字と文字列　　文章を扱う　　　　　　　　　　　　　　75

- 10.1 ｜ 文字列の基本操作 ………………………………………………… 75
- 10.2 ｜ 文字の比較 ………………………………………………………… 78
- 10.3 ｜ 文字と文字列を扱う上での注意 ………………………………… 79
- 10.4 ｜ 高度な文字列操作 ◆ ……………………………………………… 80
- 練習問題 ………………………………………………………………… 82

第 11 章　switch 文　　たくさんの条件がある場合の分岐　　　　　83

- 11.1 ｜ switch 文の書き方 ……………………………………………… 83
- 練習問題 ………………………………………………………………… 86

第 12 章　メソッド　　プログラムを部品化する　　　　　　　　　　87

- 12.1 ｜ メソッドの基本構成 ……………………………………………… 87
- 12.2 ｜ メソッド宣言の例 ………………………………………………… 89
- 12.3 ｜ メソッドの引数 …………………………………………………… 90
- 12.4 ｜ メソッドオーバーロード ◆ ……………………………………… 93
- 12.5 ｜ メソッドに配列を渡す …………………………………………… 95
- 12.6 ｜ 値を返さないメソッド …………………………………………… 96
- 練習問題 ………………………………………………………………… 98

第13章 再帰呼び出し　　アルゴリズム入門　　99

- 13.1 再帰呼び出し …… 99
- 13.2 再帰メソッドを作る手順 …… 101
- 練習問題 …… 102

第14章 オブジェクト指向　　インスタンスを作る　　104

- 14.1 クラスとインスタンス …… 104
- 14.2 コンストラクタ …… 108
- 14.3 メソッドオーバーライド …… 110
- 14.4 クラス変数 …… 112
- 練習問題 …… 113

第15章 クラスの継承　　より大きなプログラムを作るために　　114

- 15.1 継承の方法 …… 114
- 練習問題 …… 117

第16章 ファイル入出力　　実用的プログラム入門　　119

- 16.1 `try-with-resources` …… 119
- 16.2 ファイルへの出力 …… 120
- 16.3 ファイルからの入力 …… 123
- 16.4 1行に複数のデータがある場合 …… 125
- 16.5 ファイルから大量のデータを読み込む◆ …… 126
- 16.6 ファイル入出力同時処理 …… 129
- 練習問題 …… 132

付録A 課題に挑戦　　134

- A.1 三角形が成立する条件 …… 134
- A.2 素数の判定 …… 134
- A.3 じゃんけんゲーム …… 135
- A.4 さいころの作成 …… 136
- A.5 コンピュータ占い …… 137
- A.6 あなたのxxx度チェック …… 137
- A.7 円周率を求める …… 138

付録B Javaの重要事項メモ　　139

- B.1 基　礎 …… 139
- B.2 構　文 …… 140
- B.3 オブジェクト指向 …… 141
- B.4 基本ライブラリメソッドリファレンス …… 144

索　引　　145

01 | プログラミングの第1歩

コンピュータは，人類がその歴史の中で作り出した最も複雑な機械です．いまや社会のありとあらゆる場所で，コンピュータが使われています．しかし，コンピュータは命令が与えられないとまったく動きません．コンピュータに何か仕事をしてもらうためには，命令の羅列である**プログラム**を作る必要があります．プログラムを作ることを**プログラミング**とよびます．

1.1 プログラミングとは

プログラムで伝える命令は，コンピュータが解釈できる文法をもつプログラミング言語で書く必要があります．ここで使う文法を学ぶことが，プログラミングを習得することに値します．プログラミング言語にはいろいろな種類がありますが，本書では **Java**（ジャバ）というプログラミング言語を使います．

本書の例題はすべて，自分でコンピュータに打ち込み，その動作を確認してみましょう．ただし，◆のついている部分は，発展的内容を含んでいるため，時間が足りない場合は飛ばしてもかまいません．まずは基礎的内容の理解に重点を置いて進めてください．また，本書には練習のための課題が載せてあります．例題を理解したら，課題に挑戦してみましょう．

1.2 Java のプログラム

Java のプログラムは図 1.1 のような形をしています．`public`（パブリック），`static`（スタティック），`void`（ボイド），`main`（メイン）と何やら最初から正体不明の英語みたいなものが並んでいますが，ほとんどはおまじないです．プログラムには「おまじない」がつきものなのですが，いまはおまじないのところは「そんなものか」と無視し

```
package kadai1;
import java.util.Scanner;
public class Test{
    public static void main(String[] args){

        ここにプログラムを書く
              ⋮
        ここまでプログラムを書く
    }
}
```

ほとんどおまじない

プログラムを書く部分

図 1.1　プログラムの形

ておいてください．やがてその意味がわかる日がきます．いまわかってもらいたいのは，中ほどにある プログラムを書く という部分にプログラムを書くということだけです（package の行はなくてもプログラムは動きますので，本書の例プログラムでは package の部分は省略しています）．

図 1.1 の「プログラムを書く」部分には，プログラミング言語の「文」を書きます．文は，1.3 節に挙げるような，記憶，演算，制御（実行順番の変更指示）などの命令を伝え，最後にセミコロン ; をつけます．

> **Note　カッコ**
>
> プログラムの中では，さかんにカッコが使われます．カッコは [ ] も ( ) も { } も使われます．それぞれ別の意味があるので，勝手に { を (に変更したりしてはいけません．また，開いたカッコは必ず対応した閉じカッコで閉じる必要があります．

1.3　プログラムの要素

コンピュータには，どのような命令ができるのでしょうか？　どんなに複雑な命令をするプログラムも，実は基本的な命令の組み合わせでできています．このプログラムの基本要素を簡単に分類すると，次の五つになるといわれています．

1. **出力**
   コンピュータ内部のデータを表示させたり，ほかのデバイスに移すことを出力といいます．まず最初に第 2 章で勉強するのが出力です．本書では，出力には主に `println` という命令を使いますが，Java では `println` のようなまとまった処理を指示する命令のことを メソッド とよびます．

2. **入力**
   コンピュータにデータを読み込ませることを入力といいます．入力は第 3 章で勉強します．

3. **記憶**
   データをコンピュータに覚えさせることが記憶です．記憶は，変数というものを用意して，変数 = 式 ; という形の代入文を使います．

4. **演算**
   演算とは，加減乗除のほか，各種の数値計算，文字列の操作，データの検索，データの並べ替えのことをいいます．このうち，加減乗除には + - * / などの記号が使われますが，このような記号を，Java では 演算子 とよびます．一方，それより複雑な計算には，`Math.abs( num )` のような命令，すなわちメソッドを使うこともありますし，演算子やメソッド，その他の制御を組み合わせて演算を行うこともあります．

5. **制御**
   プログラムは通常，プログラムに書かれた文を上から下へ順番に実行しますが，条

件判断によって枝分かれしたり，繰り返したりします．このような枝分かれや繰り返しを実現するために，Java には構文が用意されています．第 4 章以降に学びましょう．

では，次の例プログラムを一つ打ち込んで，動作を確認してみましょう．

例 1.1 初めてのプログラミング

```
1  public class Reidai0101 {
2      public static void main(String[] args) {    // ここまでおまじない
3          System.out.print("こんにちは 私の名前は xxxx です"); // プログラム本文
4      }
5  }
```

もちろん xxxx の部分は自分の名前に変えてくださいね．書けたら実行してみましょう．

実行すると，「私の名前は xxxx です」という文章が表示されたと思います．あなたが書いた Java プログラム第 1 号が動いたわけです．

プログラムの中にスラッシュ記号二つ // が現れたら，その記号から行の最後まではコメントです．コメントとは，プログラムの実行には影響を与えないメモや説明のことです．本書では，プログラムの解説のためにコメントを書き加えてあります．コメントは必ずしも書く必要はありませんが，後からプログラムを見直したときの理解の助けになるため，みなさんも自分のプログラムには，自分の言葉でコメントを書く習慣をつけておきましょう．コメントには何を書いてもかまいません．

Note Hello World

プログラミング言語を勉強し始めたとき，最初に書くプログラムは，どのプログラミング言語でもたいがいは，画面に「Hello World」と表示させるものです．しかし，ここは日本なので，日本語の文章を表示させることにしました．

1.4 バグ

プログラムの間違いのことをバグとよびます．コンピュータは，1 文字の間違いも許してはくれない，アタマノカタイ奴なのです．println を printIn と打ち込んでしまったり，「;」のところに「:」と書いてしまったりしたものはすべてバグとなり，コンピュータはこれを解釈できず，プログラムは正常に動かなくなります．プログラムがうまく動かなかったら，次のことに注意してみましょう．

1. プログラムは 1 文字 1 文字，声に出して読んで確認しましょう．
   1（数字のいち）と l（小文字のエル），I（大文字のアイ）や 0（数字のゼロ）と O（大文字のオー），o（小文字のオー）のように区別のつきにくいものもあります．
2. エラーメッセージをよく読みましょう．エラーが発生した場合，コンピュータは何がいけなかったのかメッセージとして表示しているはずです．

3. プログラムの意味をもう一度よく考えてみましょう．

プログラムを作るとき，どんな達人でもバグを生んでしまいます．そのため，バグに対処するスキルが，プログラミング能力の一つということもできます．バグを直すことをデバッグとよびます．ぜひバグをいっぱい作って，それを一つひとつ解決することで経験値を高め，デバッグ能力，すなわちプログラミング能力を高めてください．

1.5 流れ図

本書では，プログラムの流れを説明するために，流れ図（フローチャート）を使います．流れ図とは，プログラムの作業手順を図で表したものです．プログラムの動作を理解するのに役立ちます．本書で使う流れ図の基本は順次実行と条件判断の二つだけで，この二つを使うことで，3番目の要素である繰り返しも表現しています．

1. 順次実行

   流れ図は，図 1.2 に示すように，命令を四角で表したものが基本です．その四角を上から下に線で結ぶことで，上の命令から下の命令へ順番に実行されることを示しています．流れ図の最初と最後には，両端が半円の記号を用います．省略してもわかる場合は，矢印記号のない棒線を使うこともあります．図 1.2 は命令 1，命令 2，命令 3 が順番に実行されるということを表しています．

2. 条件判断

   プログラム実行中に，コンピュータが何らかの条件の判断をして，その判断により実行する命令を選択する場合，菱形で表します．図 1.3 に示すように，菱形の中に条件を書き，菱形から出る線には，判断の内容を書いておきます．菱形には必ず上から入り，横や下へ出るようにします．図 1.3 は，命令 1 を実行した後，条件を調べ，条件が yes なら命令 3 を実行して終了，条件が no なら命令 4 を実行して終了という意味です．

3. 繰り返し

   コンピュータでは同じ処理を何度も実行する場合があります．これを繰り返しといいます．繰り返しは，図 1.4 のように上に戻る矢印を使って，元に戻るという流れを表現します．ただし，元に戻るだけではいつまでたっても処理が終わらないので，条件判断を使って，どのような場合に繰り返しを行い，どのような場合に繰り返しを終了するかを明示する必要があります．

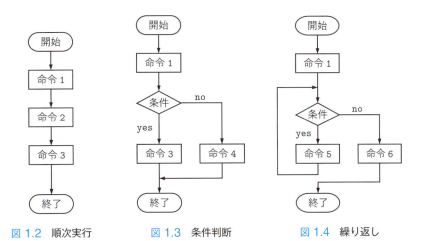

図 1.2　順次実行　　　図 1.3　条件判断　　　図 1.4　繰り返し

02 | print と println
画面に文字を表示する

コンピュータの中で複雑な計算をしたとしても，それを表示する手段を知らなければ，人はその結果を見ることができません．そのため，どのようなプログラミング言語を習うときでも，最初に文字や数字の表示方法を学びます．プログラミングの勉強は，ここから本当のスタートです．

2.1 print と println の使い方

コンピュータでは，文字を画面に表示させることを出力とよびます．画面に出力を行いたい場合は print()（プリント）メソッド，あるいは println()（プリントライン）メソッドを使います．print や println は以下のように，「System（システム）」「．（ドット）」「out（アウト）」「．（ドット）」と書いた後に書きます．したがって，System.out.print（システム ドット アウト ドット プリント）とか System.out.println（システム ドット アウト ドット プリントライン）という形になります．Java では大文字小文字は区別されるので，print を Print と書かないように注意しましょう．

Point　出力

```
System.out.print(データ);
System.out.println(データ);
```

print メソッド，println メソッドの基本的な使い方を見てみましょう．

```
System.out.println(123);
System.out.println("はじめての");
System.out.println("プログラミング");
System.out.print(456);
System.out.print("はじめての");
System.out.print("プログラミング");
System.out.println();
System.out.println("はじめてのプログラミング");
```

print も println も，後のカッコの中のデータを画面に出力します．二つの違いは，println は出力した後に「改行する」のですが，print は「改行しない」ことです．つまり，print を 2 行書いても，出力は 1 行にくっついてしまうのです．第 3 章や第 5 章では，これらを使い分けます．

数字ではなく文章を画面に出力したい場合は，ダブルクォート " で囲む必要があります．コンピュータでは，文章のことを文字の列という意味で文字列とよんでいます．以

降では文字列とよびます．

> **Point** 文字列
>
> 文字列はダブルクォートで囲まれたもの
> 例 "abc" "こんにちは"

■ print/println の例プログラム

では print，println を使った例プログラムを見てみましょう．

例 2.1 文字列の出力

```
1  public class Reidai0201 {
2      public static void main(String[] args) {
3          System.out.println("ようこそ");              // println を使用
4          System.out.println("たのしい");
5          System.out.println("プログラミングの世界へ");
6
7          System.out.print("ようこそ");                // print を使用
8          System.out.print("たのしい");
9          System.out.print("プログラミングの世界へ");
10     }
11 }
```

実行結果

```
ようこそ
たのしい
プログラミングの世界へ
ようこそたのしいプログラミングの世界へ
```

プログラム前半の出力結果と，後半の出力結果の違いに注意してください．後半の出力は改行されていませんね．

Note プログラムの音読

プログラムを音読できるようになると，プログラム例を読んだり，プログラムを打ち込んだりする速度が上がり，プログラミングが上達します．プログラムを音読できるように，記号の読み方も覚えておきましょう．

記号	読み方
.	ドット，ピリオド，テン，ポチなどと読みます．
,	コンマ，あるいはカンマと読みます．
:	コロンです．
;	セミコロン．コロンと間違わないように注意しましょう．
-	マイナス，あるいはハイフンと読みます．
'	クォート，シングルクォート，シングルクォーテーションなどと読みます．
"	ダブルクォート，ダブルクォーテーションなどと読みます．
(	カッコ．
)	カッコ，または閉じカッコと読みます．

2.2 数値の計算と出力

コンピュータは数値の計算が得意です．ここでは，数値を計算し，その結果を出力する方法について学びましょう．次のプログラムを打ち込んで動作を確認してみてください．数式部分をいろいろ変えてみましょう．

例 2.2　数値の出力

```
1  public class Reidai0202 {
2      public static void main(String[] args) {
3          System.out.print("計算結果> ");
4          System.out.println(2+8*2);   // ここの数式をいろいろ変えてみましょう
5      }
6  }
```

数値の計算には次のような演算記号が使えます．演算を組み合わせた場合，計算は掛け算・割り算が，足し算・引き算より先に計算されます．割り算については，この後の説明をよく読んでください．

計算	記号	例，注意
足し算	+	例：2 + 3
引き算	-	例：2 - 3
掛け算	*	例：2 * 3
割り算	/	整数と整数の割り算は，整数の答になります．下記参照．例：8 / 2
余り	%	割り算をした余りを計算します．例：8 % 3
カッコ	( )	計算順番を指定するときに使います．例：(1 + 3) * 4

コンピュータでは，整数と実数（小数点以下があるような数）が扱えます[†]．この二つは区別されています．たとえば，3 は整数ですが，3.14 は実数です．また，3.0 も，小数点以下が 0 の実数として扱われます．注意したいのは割り算です．Java では，整数と整数の割り算は，割り切れなくても結果は整数になります．実数が入ってくると，答は実数になります．これを整理すると，次のような場合があります．

1. 整数 / 整数
   16 / 2 は 8 です．16 / 3 は 5 です．まだ小数を勉強していなかった小学生のときの割り算を思い出してください．「16 割る 3 は 5 余り 1」でした．この計算の，余りを無視したときの結果と同じになるのです．

2. 整数 % 整数
   整数の割り算をしたときの余りを求めます．剰余といいます．「16 割る 3 は 5 余り 1」の，「余り 1」の部分を計算して求めるための記号が % です．

3. 実数 / 実数
   答は小数点以下まで計算しますが，循環小数は途中で打ち切られます．16 / 3 を実数として計算したい場合，16.0 / 3.0 などと書いてみましょう．16.0 も 3.0 も実

---
† 分数は直接扱うことはできませんが，工夫をすれば計算できます．

数になるので，答は 5.333333333333333 のようになります．

4. 実数 / 整数　または　整数 / 実数

   これは，両方とも実数だった場合と同じように計算されます．16.0 / 3 とか 16 / 3.0 はともに 16.0 / 3.0 と同じ結果になります．

5. 実数 % 実数

   これは，実際にはあまり使われることがない計算です．どのような答が出てくるのか，自分で確認してみましょう．たとえば 16.0 % 3.1 を計算すると，ちゃんと実数の余りが出てきます．

例 2.2 のプログラムで，次の数式を試してください．

```
System.out.println( 2 + 8 / 2 );        // 計算順番はどうなるでしょうか
System.out.println( 1 + 8 * 2 );
System.out.println( (1 + 8) * 2 );
System.out.println( 8 / 2 );
System.out.println( 8 / 3 );
System.out.println( 8 / 3.0 );
System.out.println( 8.1 / 3 );
System.out.println( 8.1 / 3.2 );
System.out.println( 8 * 3.0 );
System.out.println( 8 / 3 + 1.1 );      // 答を予想してみましょう
System.out.println( 8 / 3.0 + 1.1 );    // 一つ上と何が違うのでしょうか
```

最後の二つの計算式は，何が起こったかわかりましたか？　ここまでの計算は，a + b とか a / b というように二つの項の計算を扱いましたね．二つの項が整数と整数なら，整数の計算ルールが使われます．二つの項のどちらかが実数なら，実数の計算ルールが使われます．だから，8 / 3 + 1.1 は，8 / 3 までは整数で計算が行われ，その後，実数の計算が行われます．一方，8 / 3.0 + 1.1 は，8 / 3.0 の段階で実数の計算が行われます．このようにコンピュータの中では，実数の計算が必要な場合，整数も実数に合わせて（実数に変換されて）計算されます．

> **Note　jshell**
>
> 上の数式のように小さなプログラムを試す場合，Java 言語の jshell という機能が便利です．jshell は Java のインタプリタとよばれるもので，プログラムを 1 行打ち込むとすぐに結果を返してくれます．

> **Note　演算の優先順位**
>
> Java では足し算・引き算よりも，掛け算・割り算のほうが先に計算されます．これは算数や数学のルールと同じです．計算の優先順位の詳細は 140 ページを見てください．

2.3　文字列の連結

さて，数値を計算して println してきましたので，次は文字列を足し算して println する例を見てみましょう．次のプログラムを実行させて動作を確認してみましょう．

例 2.3　文字列の連結

```
1  public class Reidai0203 {
2      public static void main(String[] args) {
3          System.out.println("たのしい"+"プログラミング");
4          System.out.print("答は ");
5          System.out.println(8);
6          System.out.println("答は " + 8);
7      }
8  }
```

まず，「たのしいプログラミング」と，文字列と文字列がつながって表示されたと思います．Javaでは，文字列と文字列は足し算記号を使って「連結」できるのです．

例： "たのしい" + "プログラミング" → "たのしいプログラミング"

次に，同じ行が二つ表示されましたね．注目したいのは，2行目の表示です．"答は " + 8 というデータを表示させています．つまり，文字列と数字を足し算しています．この場合，数字は文字列に「変換」されて，それから文字列に連結されます．

例： "結果は" + 8 → "結果は8"

数字と数字の足し算を先に計算した場合と，数字を文字列に変換してから足し算を計算した場合では，違った結果になるので注意してください．次の例 (1) は，左から計算が行われますから，"結果は" + 1 が計算されて "結果は1" という文字列が作られ，さらに 1 が連結されるので，"結果は11" という形になります．例 (2) は，先に数字と数字の (1+1) が計算されて数字の 2 が作られ，これが文字列と連結されるので，"結果は2" になるのです．

例 (1)： "結果は" + 1 + 1 　→ "結果は11"
例 (2)： "結果は" + (1 + 1) → "結果は2"

2.4　文　字

文字列は文字がつながってできたものです．その文字一つひとつも，データとして扱うことができます．文字はシングルクォート ' で囲みます．

Point　文　字

文字はシングルクォートで囲まれたもの
例　'a'　'あ'　'3'

それでは，文字を 1 文字ずつ出力してみましょう．

例 2.4 文字の出力

```
1  public class Reidai0204 {
2      public static void main(String[] args) {
3          System.out.print('a');
4          System.out.println('b');   // ここで改行される
5          System.out.print('c');
6          System.out.println('d');
7      }
8  }
```

実行結果

```
ab
cd
```

文字と文字列を連結すると文字列になります．しかし，以下の例のように，文字と文字を + 記号で連結しようとしても，うまく連結してくれませんので，いまはまだ使わないでください[†1]．

例 2.5 文字の連結

```
1  public class Reidai0205 {
2      public static void main(String[] args) {
3  
4          System.out.println("a" + 'b');
5          System.out.println('a' + 'b');    // これはまだ使わないでください
6  
7      }
8  }
```

実行結果

```
ab
195
```

'a' + 'b' は，ab と表示されません．詳しい理由は 80 ページで説明します．

2.5 特殊な文字

文字の中には，特別な意味をもつものがあります．特別な意味をもつので，半角の ¥ 記号と組み合わせて ¥n のように表現します．あたかも 2 文字あるかのように見えますが，¥n で 1 文字です．このような特殊な文字には，次のものがあります．

記号	意味	説明
¥n	改行	この文字が出力されると，そこで改行が発生します．
¥t	タブ	この文字が出力されると，その行の決められた位置[†2]まで飛びます．
¥¥	¥	特殊な意味をもたない半角の ¥ 記号そのものです．
¥'	'	シングルクォートそのものです．
¥"	"	ダブルクォートそのものです．

[†1] まだ覚える必要はありませんが，これは，コンピュータが文字を数字として処理しているためです．
[†2] タブ位置とよびます．

第2章 print と println

次の例プログラムで，特殊な文字を出力したときの動作を確認してみましょう．

例 2.6 特殊な文字の出力

```
1  public class Reidai0206 {
2      public static void main(String[] args) {
3          System.out.println("これはダブルクォートです．¥" ");
4          System.out.println("これは円記号です．¥¥");
5          System.out.println("途中で改行¥n してみました");
6          System.out.println("0¥t1¥t2");
7      }
8  }
```

実行結果

```
これはダブルクォートです．"
これは円記号です．¥
途中で改行
してみました        ← 改行されている
0    1    2        ← 0と1と2の間でスキップ
```

練習問題

2.1 出力が以下のようになるプログラムを作成しなさい． ▶例2.1

実行例

```
氏名：（自分の名前）
住所：（自分の住所）
生年月日：○○○○年××月△△日
```

2.2 文字列の中の空白をうまく調整して，出力が以下のようになるプログラムを作成しなさい．

実行例

```
      プ
     プロ
    プログ
   プログラ
  プログラミ
 プログラミン
プログラミング
```

2.3 例 2.2，例 2.3 を参考にして，次の println を実行するプログラムを作成しなさい．また，実行する前にそれぞれの出力結果を予想して，それぞれの出力がなぜそのようになるのか，すべて説明しなさい．その後，プログラムを実行して結果を確認しなさい．

```
System.out.println( 2 + 7);
System.out.println( 2 + 7 + "が答です" );
System.out.println("答は" + 2 + 7);
System.out.println( 2 * 8);
System.out.println("答は" + 2 * 8);
System.out.println( 16 % 3);
System.out.println("答は" + 16 % 3);
System.out.println( 2 * 3 + 4 * 5);
System.out.println("答は" + 2 * 3 + 4 * 5);
System.out.println( 2 * (3 + 4) * 5);
```

```
System.out.println("答は" + 2 * (3 + 4) * 5 );
System.out.println( 5 / 2);
System.out.println("答は" + 5 / 2);
System.out.println( 5 / 2.0);
System.out.println("答は" + 5 / 2.0);
System.out.println( 1.2 + 3.2);
System.out.println("答は" + 1.2 + 3.2);
System.out.println( 3 / 2 + 4 * 1.1);
System.out.println("答は" + 3 / 2 + 4 * 1.1);
System.out.println( 3 / 2.0 + 4 * 1.1);
System.out.println("答は" + 3 / 2.0 + 4 * 1.1);
```

2.4 タブ記号を使い，次のように九つの数字をそろえて出力するプログラムを作成しなさい．▶例2.6

実行例		
1	2	3
4	5	6
7	8	9

2.5◆ 例 2.5 にならい，`System.out.println(0 + 'a');` を出力させなさい．また，'a' を 'b' や 'c' などにするとどうなるか試し，この出力結果が意味するものは何か考えなさい（これは後で習うことです．80 ページ参照）．

2.6◆ 実数と実数の割り算の余りを計算するプログラムを作成し，さまざまなパターンで計算を実行しなさい．あなたの予想した計算結果と，コンピュータの答が合っていることを確認しなさい．たとえば 16.1 ％ 1.0 の計算結果はどのような数になるでしょうか．それはなぜでしょうか．いろいろ調べてみましょう．

03 入力
データを読み込む

第 2 章では表示の方法を学びました．表示の次に習うべきことは，コンピュータにデータを渡してあげる方法です．でもその前に，コンピュータに渡すデータの種類と，コンピュータが渡されたデータを記憶する方法について学びましょう．

3.1 データ型と変数

人は日常生活で，数字の種類に区別をつけることはありませんね．ですが，コンピュータの中では整数と，小数が含まれる実数は別の種類の数字として扱われます．この種類を，型とかタイプという言葉でよびます．

整数は整数型とよび，プログラムで整数を扱うときには，int（イント）と指定します．整数は英語で integer と書きますから，それを省略した形です．小数を含む実数は，実数型とよびます．実数型は double（ダブル）という型を使います[†1]．分数を表現する型は用意されていないので，分数は小数に直して計算することになります[†2]．

数のほかに，文字と文字列を扱うときにも型を指定します．文字は char（チャーとかキャラと読む），文字列は String（ストリング）を使います．さらに boolean（ブーリアン）と指定する論理型もあります．論理型は true（真）と false（偽）しかないデータ型ですが，しばらくは使いませんので，そんなものもあるという程度に覚えておいてください．

データ型	型の名前	例
整数型	int	$-2, 0, 1, 3, 1024, 62501$ など
実数型	double	$0.01, -1.0, 2.0, 3.1415, 2.7, 123.489$ など
文字型	char	'a', 'A' など
文字列型	String	"abc", "あいうえお" など
論理型	boolean	true と false の二つしかない

■ 変数宣言

プログラムの中で，数字などのデータを一時的に記憶しておくための場所として，変数を使うことができます．変数は，データを保存しておくための「箱」と考えてもよいでしょう．この箱（変数）は，いくつも使うことができるので，名前をつけて区別しな

[†1] 整数や実数を使うためのほかの型として，整数型には byte, short, long があり，実数型には float があります．本書では，まずは int と double を使うことにします．詳しくは 139 ページを参照してください．
[†2] 分数を計算するプログラムを作れば，分数を分数のまま計算することも可能です．

図 3.1 変数

ければいけません（図 3.1）．この名前を**変数名**といいます．

プログラムの中で変数を使うためには，あらかじめどのような変数を使うのか，その名前である変数名と，整数か実数かなどのデータ型を指定して宣言しなければいけません．これを**変数宣言**とよびます．変数宣言は変数を使う前に書きますが，使う前ならどこに書いてもかまいません．変数を使う直前に書いてもよいのです[†1]．ただし，宣言した変数が使える範囲は，変数宣言を含む中カッコ { } で囲まれた範囲内です[†2]．

> **Point** 変数宣言の基本
>
> 整数型
>   `int 変数名;`
> 実数型
>   `double 変数名;`
> 文字型
>   `char 変数名;`
> 文字列型
>   `String 変数名;`

変数名には好きな名前を使ってかまいません．アルファベット 1 文字でも，複数の文字の組み合わせでもよいのです．アルファベットから始まれば，その後に数字を使っても OK です．ただし，後からプログラムを読み返したときにわかりやすくするために，意味のある名前が好まれます．

それでは，変数宣言の例を見てみましょう．以下のように，型名（int や double など）に続けて変数名を書きます．

```
int seisu1;
```

次のように，複数の変数を 1 行で宣言することも可能です．

```
int seisu1, seisu2;
```

[†1] 古いプログラミング言語は，プログラムの最初に使う変数をまとめて宣言しなければいけないものもありました．
[†2] この範囲を，変数のスコープとよびます．

実数，文字列も同じように書きます．違う型の変数は，別の行に書く必要があります．

```
double jissu1, jissu2;
String mojiretsu1, mojiretsu2;
```

> **Note** 変数名のつけ方
>
> 合計の値を保存する変数ならば，`goukei` とか `sum` などの変数名が適しているでしょう．合計なのに，`heikin` という名前をつけたら，プログラムを後から読み直したときに，読んだ人が混乱してしまいますね．なお，漢字やひらがなも変数名として使えますが，あまりおすすめはしません．漢字やひらがなを変数名として使えないプログラミング言語もありますから，英文字を使う癖をつけておきましょう．

> **Note** var
>
> 最近の Java では，変数宣言のデータ型として `var` を指定することもできます．`var` は任意の適切なデータ型を意味します．`var` を指定して変数宣言すると同時に初期値を代入すると，Java が適切な型を推論して設定してくれるという，ちょっと便利な書き方なのです．でもこれは，プログラミング上級者になって複雑なデータ型を扱うようになってから使ってください．初心者のうちは，`int` や `double` を丁寧に使うことを心掛けましょう．

■ 代　入

変数に値を記憶させることを**代入**とよびます．「変数 = 式;」という形が使われ「変数←式の値」という操作を表しています．変数に値を代入することを，「変数に値を入れる」「変数に値を格納する」などということもあります．

> **Point** 代　入
>
> 変数 = 式;

式の部分には数値を書いてもよいし，変数や計算式を書いてもよいです†．ただし，代入される変数を必ず左に書かなければいけません．例を見てみましょう．

▼ `seisu1, seisu2, seisu3` が `int` の場合

```
seisu1 = 5;          // 変数に数値を代入する
seisu2 = seisu1;     // 変数に別の変数の値を代入する
seisu3 = seisu1 + 2; // 変数に計算結果を代入する
```

▼ `jissu1, jissu2` が `double` の場合

```
jissu1 = 3.14;       // 小数は実数型の変数にしか代入できない
jissu2 = jissu1 / 2; // 割り算の結果が変数に代入される
```

▼ `mojiretsu` が `String` の場合

```
mojiretsu = "abc";
mojiretsu = "def" + "hgi";
```

---

† あるいは後で勉強するメソッド呼び出しを書いてもかまいません．

■ 初期化

変数の宣言と値の代入は，同時に行うことができます．変数はプログラムの実行に従っていろいろな値が代入されるものですが，その最初の値（初期値）を設定するという意味で，これを変数の初期化とよびます．

> **Point　変数宣言と初期化**
>
> 型名　変数名　=　初期値；

それでは，変数宣言と初期化を同時に実行する例を見てみましょう．

```
int seisu = 1;
double jissu = 4.5;
String mojiretsu = "abc";
```

なお，Java では値を代入する前の変数を，計算や出力で使うことはできません．まず代入し，それからその値を使うという手順を守る必要があります．

■ 変数を使った例プログラム

それでは，変数を使った例プログラムを見てみましょう．

例 3.1　整数の代入と出力

```
1  public class Reidai0301 {
2      public static void main(String[] args) {
3          int seisu1, seisu2;                   // 変数宣言
4          seisu1 = 5;                           // seisu1 に 5 を代入
5          seisu2 = 3;                           // seisu2 に 3 を代入
6          System.out.println(seisu1);           // seisu1 の値を出力
7          System.out.println(seisu2);           // seisu2 の値を出力
8          System.out.println(seisu1 + seisu2);  // 足し算結果を出力
9      }
10 }
```

実行結果

```
5
3
8
```

この例の seisu1 のように，プログラム内で何度も使う値は，変数として扱うとわかりやすいです．また，この値を変更したいときも，代入の部分を書き換えれば，プログラム全体に反映されて便利です．

3.2　表示の整形

文字列と変数の中身を，同じ行に並べて表示させたいことがあります．たとえば，変数 x が 3 であることを示すために，

　　x = 3

と表示させたいものとしましょう．printlnメソッド（printメソッド）において，文字列と変数や数字を同じ行に表示したいときには，次のような方法があります．

方法1：printとprintlnを組み合わせます．printは改行しないので，printとprintlnの二つのメソッドの出力結果が1行になります．

```
x = 3;
System.out.print("x = ");
System.out.println(x);
```

方法2：表示したいものを+で接続します（10ページ参照）．方法1と同じものをprintln一つだけ使って書くことができます．しかし+記号の使い方を間違えると，誤った答を表示してしまうことがあります．▶例3.2

```
x = 3;
System.out.println("x = " + x);
```

以下の例プログラムで確認してみましょう．

例3.2　文字列と整数型変数の中身の出力

```
 1  public class Reidai0302 {
 2      public static void main(String[] args) {
 3          int seisu1, seisu2;
 4          seisu1 = 23;
 5          seisu2 = 7;
 6          System.out.print("seisu1 = ");
 7          System.out.println(seisu1);
 8          System.out.println("seisu2 = " + seisu2);
 9          System.out.println("seisu1 + seisu2 = " + seisu1 + seisu2);
10          System.out.println("seisu1 + seisu2 = " + (seisu1 + seisu2));
11          System.out.println("seisu1 * seisu2 = " + seisu1 * seisu2);
12          System.out.println("seisu1 / seisu2 = " + seisu1 / seisu2);
13          System.out.println("seisu1 % seisu2 = " + seisu1 % seisu2);
14      }
15  }
```

実行結果

```
seisu1 = 23
seisu2 = 7
seisu1 + seisu2 = 237      ←何が起こったのでしょうか？
seisu1 + seisu2 = 30
seisu1 * seisu2 = 161
seisu1 / seisu2 = 3
seisu1 % seisu2 = 2
```

予想どおりの結果になりましたか？　実行結果の3行目の理由がわからない人は，もう一度2.3節を見てみましょう．

3.3　数字の整形

文字列と数字の連結をすることで，プログラムの出力を調整することができまし

た．しかし，小数点以下が長い実数を表示しようとすると，コンピュータは律儀に不必要なほどの小数を表示してしまいます．あるいは，整数の桁数をそろえて表示させたいときもうまくそろってくれません．このような課題を解決するために，Java には `String.format()` というメソッドが用意されています．`format()` メソッドの使い方は複雑多岐にわたるのですが，ここでは一部だけ勉強しておきましょう．

> **Point** `format`（数値の桁数を指定）
>
> 整数 x を m 桁の文字列に変換する．桁数が小さいと左に空白が埋められる．
> ```
> String.format("%md", x)
> ```
> 実数 x を全体 m 桁，小数部分 n 桁の文字列に変換する．
> ```
> String.format("%m.nf", x)
> ```
> （m, n は説明用であり，プログラムの中で変数で指定することはできない）

たとえば，次のように使います．

▼ 整数 x を 4 桁の文字列にして println する
```
System.out.println( " x は" +  String.format("%4d", x) + "です");
```

▼ 整数 x を 2 桁の文字列にして println する
```
System.out.println( "答は" + String.format("%2d", x) + "です");
```

▼ 実数 x を全体 10 桁，小数点以下を 3 桁にして println する
```
System.out.println( "およそ" + String.format("%10.3f", x) + "です");
```

`format` にはまだまだいろいろな使い方があります．`%d` や `%f` 以外の指定もあります．さらに Java では，`print` と `format` を合わせたような `printf` メソッドというものもあります．`printf` メソッドは使い方が少し難しいですが，興味のある人は調べてみましょう．

3.4 キャスト

通常，変数に違う型のデータを代入することはできません．しかし，実数型変数には，整数型変数を代入することができます．

```
int n;
double x;
n = 123;
x = n;
```

整数は，実数型変数に代入されるときに小数部分が 0 の実数に変換されるのです．一方，実数型変数を整数型の変数に代入することはできませんが，明示的に整数型に変換すれば代入することができます．この明示的な変換のことを**キャスト**とよびます．キャ

ストは次のように，式の前に変換後の型をカッコで囲んで書きます．

> **Point** キャストの書き方
>
> （変換後の型）式

整数型変数に実数型のデータを代入する例は，次のようになります．

```
int n;       // 整数型の変数
double x;    // 実数型の変数
x = 123.456; // 実数型の変数に実数を代入
n = (int) x; // (int) がキャスト
```

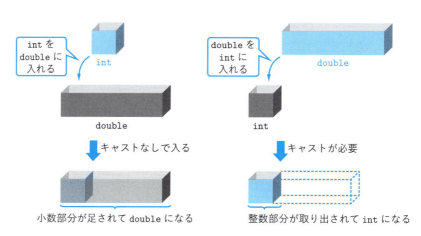

図 3.2 キャスト

実数型データを整数型にキャストすると，実数の小数部分が削除され，整数部分だけが残ります（図 3.2）．このキャストを使うと，四捨五入も計算できます．以下の例のように，0.5 を足してからキャストすればよいのです．

```
int n;
double x;
x = 12.49;
n = (int) (x + 0.5); // n は 12
x = 12.50;
n = (int) (x + 0.5); // n は 13
```

さて，次のプログラムは何が起こっているのでしょうか．

```
double x;
x = 3 / 2;
System.out.println("答は" + x); // 1.0 が出力される
```

上の例は，整数型として 3 / 2 が計算され，答が 1 になった後，実数型変数の x に代入されたため，1.0 が出力されます．1.5 を出力するためには，たとえば次のようにします．

```
double x, y;
y = 3;
x = y / 2;
System.out.println("答は" + x); // 1.5 が出力される
```

3 を double にしておいて，それから実数型の計算をするので，答が 1.5 になっています．これをキャストで書けるでしょうか？ この場合，以下のように，計算前に 3 か 2 のどちらかを double にキャストしておけば，実数型の計算結果が得られます．

```
double x;

x = (double) (3 / 2);           // 計算結果をキャスト
System.out.println("答は" + x); // 1.0 になる

x = (double) 3 / 2;             // 計算前の 3 をキャスト
System.out.println("答は" + x); // 1.5 になる

x = 3 / (double) 2;             // 計算前の 2 をキャスト
System.out.println("答は" + x); // 1.5 になる
```

3.5 データの入力

前節までで，プログラムの中でどのようにデータを扱うかを学びました．しかし，プログラミングの段階ではなく，実行するときにデータを与えたい場合もあります．プログラム実行中に，人がコンピュータにデータを渡すことを入力といいます．すぐに思いつく入力方法は，キーボードに打ち込むことでしょう．人がデータを入力できるようにするためには，コンピュータ側はデータを読み込む処理を実行しなければいけません．つまりプログラムは，キーボードから値を読み込み，変数に代入するメソッドを実行する必要があります．この処理には Scanner（スキャナー）という仕組みを使います．Scanner の使い方は次のとおり，3 段階で実施する必要があります．

1. **Scanner を使うための準備**

    プログラムの先頭にある public class の前の行，おまじないの部分に次の行を加えてください．

    ```
    import java.util.Scanner;
    ```

2. **入力の準備**

    Scanner という型の特別な変数を用意し，ここに Scanner という部品を作って代入しておきます．この一連の操作は，いまはおまじないだと思っておいてください†．この準備は，プログラムの中で 1 回だけ行えばよいです．

---

† 詳細は第 14 章で説明します．System.in を使う Scanner オブジェクトというものを新規作成 (new) し，これを変数 sc に代入しています．

> **Point** 入力の準備
>
> ```
> Scanner sc = new Scanner(System.in);
> ```

なお，すべての入力が終わったら，以下のように記述して Scanner を閉じるのが作法ですが，本書では省略しています．

```
sc.close();
```

3. 入力の受け付け

入力を受け付ける場所では，どのようなデータを入力してもらうか指定して，データを受け取ります．

> **Point** 入力の受け付け
>
> 整数 (int) 型のデータをキーボードから受け付ける
> ```
>     int seisu = sc.nextInt();
> ```
> 実数 (double) 型のデータをキーボードから受け付ける
> ```
>     double jissu = sc.nextDouble();
> ```
> 文字列 (String) 型のデータをキーボードから受け付ける
> ```
>     String mojiretsu = sc.next();
> ```
> ※文字型データを読み込む方法は用意されていない

次のように書けば，変数 x に，キーボードから入力された値を代入します．

```
Scanner sc = new Scanner(System.in);
String x;
x = sc.next();
```

next() や nextInt() を実行すると，プログラムは停止したかのように見えます．これはプログラムが入力を待っている状態です．キーボードからの入力を受け取るためには，画面に何か入力を促すメッセージを出力するべきです．画面に入力を促す文字列を表示し，それに続けてデータを入力させるためには，以下のように println ではなく print を使うとよいでしょう．

```
System.out.print("名前を入力してください>> ");
x = sc.next();
```

print の代わりに println を使うとどうなるのかも，確認しておきましょう．

3.5 データの入力

■ 入力の例プログラム

では，文字列を読み込む例を見てみましょう．

例 3.3　文字列の入力と出力

名前と住所を読み込み，出力するプログラムを作成しなさい．

```java
import java.util.Scanner;
public class Reidai0303 {
    public static void main(String[] args) {
        String namae, jusho;                                    // 変数宣言
        Scanner sc = new Scanner(System.in);                    // Scanner 準備

        System.out.print("あなたの名前を入力してください>> "); // 画面出力
        namae = sc.next();                                      // 入力受付
        System.out.println("あなたの名前は " + namae + " さんですね");

        System.out.print("あなたの住所を入力してください>> ");
        // 2 回目の入力には Scanner を作り直す必要がない
        jusho = sc.next();
        System.out.println("あなたの住所は " + jusho + " で間違いないですか");

    }
}
```

次は整数の入力の例です．

例 3.4　整数の入力と出力

変数 seisu1，seisu2 に整数を読み込み，その和を求めるプログラムを作成しなさい．

```java
import java.util.Scanner;
public class Reidai0304 {
    public static void main(String[] args) {
        int seisu1, seisu2, wa;                                 // 変数宣言
        Scanner sc = new Scanner(System.in);                    // Scanner 準備

        System.out.print("seisu1 = ");                          // 画面出力
        seisu1 = sc.nextInt();                                  // 入力受付

        System.out.print("seisu2 = ");                          // 画面出力
        seisu2 = sc.nextInt();                                  // 入力受付

        wa = seisu1 + seisu2;                                   // 計算
        System.out.println("seisu1 + seisu2 = " + wa);          // 結果の出力
    }
}
```

実行結果

```
seisu1 = 12 [Enter]
seisu2 = 5 [Enter]
seisu1 + seisu2 = 17
```

整数ができたら，今度は実数の入力と計算，出力を試してみましょう．

例 3.5　実数の入力と出力

変数 jissu1，jissu2 に実数を読み込み，jissu1 と jissu2 の積と，jissu1 を jissu2 で割った商を求めるプログラムを作成しなさい．

```java
import java.util.Scanner;
public class Reidai0305 {
    public static void main(String[] args) {
        double jissu1, jissu2;                          // 変数宣言
        double seki, sho;
        Scanner sc = new Scanner(System.in);            // Scanner

        System.out.print("jissu1 = ");                  // 画面出力
        jissu1 = sc.nextDouble();                       // 入力受付
        System.out.print("jissu2 = ");
        jissu2 = sc.nextDouble();
        seki = jissu1 * jissu2;                         // 計算
        sho = jissu1 / jissu2;
        System.out.println("jissu1 と jissu2 の積は " + seki); // 結果出力
        System.out.println("jissu1 を jissu2 で割った商は " + sho);
    }
}
```

実行結果

```
jissu1 = 31.35 [Enter]
jissu2 = 5.5  [Enter]
jissu1 と jissu2 の積は 172.425
jissu1 を jissu2 で割った商は 5.7
```

数字の読み込みと計算，出力ができるようになったら，入力を利用して，具体的な計算を行うプログラムを作ってみましょう．

例 3.6　図形の面積

正方形の一辺の長さを読み込み，正方形の面積を計算して出力するプログラムを作成しなさい．

```java
import java.util.Scanner;
public class Reidai0306 {
    public static void main(String[] args) {
        int hen, menseki;                               // 変数宣言
        Scanner sc = new Scanner(System.in);            // Scanner

        System.out.print("正方形の一辺の長さ>> ");       // 画面出力
        hen = sc.nextInt();                             // 入力受付
        menseki = hen * hen;                            // 計算
        System.out.println("正方形の面積は " + menseki + " です");
    }
}
```

次は割り算を行うプログラムです．2種類の割り算の使い方に慣れましょう．

例 3.7　時間の換算

秒数を読み込んで，分と秒に分けて表示するプログラムを作成しなさい．

```java
1   import java.util.Scanner;
2   public class Reidai0307 {
3       public static void main(String[] args) {
4           int byosu, hun, byo;  // 変数はすべて整数型
5           Scanner sc = new Scanner(System.in);
6   
7           System.out.print("秒数を入力してください>> ");
8           byosu = sc.nextInt();
9           hun = byosu / 60;     // 割り算の商だけ求め，余りは無視する
10          byo = byosu % 60;     // 割り算の余りだけ求める
11          System.out.println(hun + "分" + byo + "秒です");
12      }
13  }
```

実行結果 1

秒数を入力してください>> 621 [Enter]
10 分 21 秒です

実行結果 2

秒数を入力してください>> 51 [Enter]
0 分 51 秒です

Note　大文字と小文字

Javaでは，変数名やメソッド名の大文字小文字は区別されます．第14章で詳しく扱うクラスの名前は最初の文字を大文字にし，それ以外は小文字にするのがJavaのルールです．また，後で出てくる定数はすべて大文字にします．大文字小文字を区別しないプログラミング言語もありますが，Javaでは大文字小文字を間違わないように注意しましょう．

Note　日本語の文字

Javaではアルファベットや数字以外に，漢字やひらがななどの文字も文字型として扱うことができます．しかしほかのプログラミング言語の中には，このような文字を文字型として扱うことができないものもあるので注意しましょう．

練習問題

3.1 三つの整数型変数を用意してそれらに数値を設定しておき，その三つの数の足し算と掛け算の結果を出力するプログラムを作成しなさい．出力は，何が計算されたのかわかるように出力しなさい．たとえば2と3と4が設定されたら，「2と3と4の和は9，積は24です」と出力させなさい．
▶ 例 3.2

3.2 長方形の縦と横の長さを読み込み，その長方形の面積を計算して画面に出力するプログラムを作成しなさい．▶ 例 3.6

3.3 円の直径をキーボードから読み込み，その円の円周を計算して画面に出力プログラムを作成しなさい．ただし円周率は 3.14 を使いなさい． ▶例 3.6

3.4 円の半径をキーボードから読み込み，その円の面積を計算して画面に出力するプログラムを作成しなさい．円周率は 3.14 を使いなさい．

3.5 直方体の縦，横，高さをキーボードから読み込み，その直方体の表面積と体積を計算するプログラムを作成しなさい．

3.6 台形の上底，下底，高さを読み込み，その台形の面積を出力するプログラムを作成しなさい．

3.7 入力された 1 以上 100 未満の整数について，十の位，一の位をそれぞれ出力するプログラムを作成しなさい．実行例は次のようになります．
ヒント ▶ / と % を使えば計算できそうですね．

実行例
数を入力してください>> 51 [Enter]
十の位は 5 です．一の位は 1 です．

3.8◆ 金額が入力されると，その金額をなるべく少ない枚数の硬貨で用意するために，どの硬貨を何枚使えばよいか答えるプログラムを作成しなさい．硬貨の種類は 500 円，100 円，50 円，10 円，5 円，1 円とします．たとえば 673 円と入力されると，「500 円玉 1 枚，100 円玉 1 枚，50 円玉 1 枚，10 円玉 2 枚，5 円玉 0 枚，1 円玉 3 枚」と出力するものとします．
ヒント ▶ 大きな硬貨から順番に，何枚使うべきか割り算で計算すればよいでしょう．

04 if 文
条件で分ける

　コンピュータプログラムの処理の流れには，大きく分けて (1) 順番に実行，(2) 場合によって枝分かれ，(3) 繰り返しの三つの形があります．いままでに扱ってきたプログラムは，基本的に上に書いた文から下に書いた文へ，順番に実行を行ってきました．これはコンピュータのプログラム実行の基本でした．

　ここで少し人の行動を考えてみましょう．人はいつも何か判断をしながら行動しています．たとえば朝出かけるときに，天気予報が晴れであれば傘を持たずに，雨であれば傘を持って外出するでしょう．コンピュータプログラムも，同じように何かの判断をして，実行する処理を選ぶことができます．このように何かの判断によって，その後に何をするか枝分かれする（選択する）ことを条件分岐とよびます．

　たとえば，与えられた数字が偶数か奇数か判断し，偶数だったら「偶数です」，奇数だったら「奇数です」と画面に出力するためには，この条件分岐を使います．ここでは，代表的な条件分岐の一つである if 文を学びましょう．

4.1　if 文の形

　　　if 文はここまでに習ってきた println や代入文とは違い，構文です．英語を習ったときにも，構文というものに出会ったことがあると思います．構文とは，決められた形式で書くことで，特定の意を表す文章です．プログラミング言語においては，if（イフ）else（エルス）といったキーワードを含む複数の行をひとまとめにして if 文とよびます．

　　　if 文は，if（もし～ならば）～ else（そうでないなら）という英語を，プログラムで書けるようにしたものです．ここで使うキーワード if, else は覚えてしまいましょう．

　　　if 文は条件式を調べ，条件式が真 (true) の場合と偽 (false) の場合で実行するプログラムを変更します．条件分岐の構造は，else や else if などの組み合わせでいろいろな形を作ることができます．以下に代表的な if 文の形を示します．

Point　if 文

▼ パターン 1　基本 (1) if だけ

```
if（条件式）{
    文₁;
    ⋮
    文ₚ;
}
```

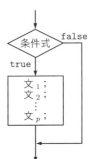

条件式が真の場合，文$_1$, ..., 文$_p$ を実行する．偽の場合は何も行わない．

▼ パターン 2　基本 (2) if else

```
if（条件式）{
    文₁₁;
    ⋮
    文₁ₚ;
}
else{
    文₂₁;
    ⋮
    文₂q;
}
```

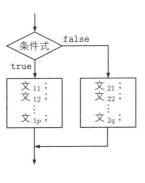

条件式が真の場合は 文$_{11}$, ..., 文$_{1p}$ を実行し，偽の場合は 文$_{21}$, ..., 文$_{2q}$ を実行する．

▼ パターン 3　if else if

```
if（条件式₁）{
    文₁₁;
    ⋮
    文₁ₚ;
}
else if（条件式₂）{
    文₂₁;
    ⋮
    文₂q;
}
```

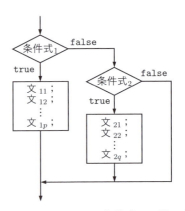

条件式$_1$ が真の場合は 文$_{11}$, ..., 文$_{1p}$ を実行する．条件式$_1$ が偽であり 条件式$_2$ が真である場合は 文$_{21}$, ..., 文$_{2q}$ を実行する．条件式$_1$ も 条件式$_2$ も偽の場合は，何もしない．

▼ パターン 4 if else if else
```
if (条件式₁) {
    文₁₁;
    ⋮
    文₁ₚ;
}
else if (条件式₂) {
    文₂₁;
    ⋮
    文₂q;
}
else {
    文₃₁;
    ⋮
    文₃ᵣ;
}
```

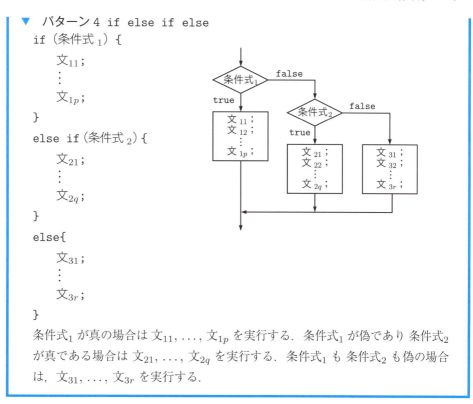

条件式$_1$ が真の場合は 文$_{11}$, ..., 文$_{1p}$ を実行する．条件式$_1$ が偽であり 条件式$_2$ が真である場合は 文$_{21}$, ..., 文$_{2q}$ を実行する．条件式$_1$ も 条件式$_2$ も偽の場合は，文$_{31}$, ..., 文$_{3r}$ を実行する．

このように，`if` 文は，`if(～){ 文 }` の後，`else if(～){ 文 }` を複数書いてつなげることができます．`if` 文のどの条件にもあてはまらないときの処理を書くために，`if` 文の最後に `else` を書くことができます．パターン 1 や 3 のように不要な場合は，最後の `else` は書かなくてかまいません．

`if` 文の `{ }` の間に書く文は，文の書き始めを `if` の位置よりも右に下げて書き始めるのがマナーになっています．どこからどこまでが `{ }` で囲まれているか，ひいては `if` 文の論理構造がどうなっているのかをわかりやすくするためです．この書き出しを下げることを字下げ，またはインデントとよびます．

4.2 条件式の作り方

`if` 文の条件式とは，真か偽かをはっきりと判断できる式のことです[†1]．`x - 3`（x から 3 を引く）のような計算式を書いても意味がありません．`x < 2`（x は 2 より小さいか）というように真偽がはっきり判断できる式を書かなければいけません．この判断には次の記号[†2]を使うことができます．

[†1] 正確にいえば，論理型を結果としてもつ計算式です．
[†2] 比較演算子とよびます．必ず半角記号を使ってください．≦ などは全角記号なので使えません．

> **Point** 条件式で用いる記号
>
> | 意味 | 同じ | 違う | より小さい | より大きい | 以下 | 以上 |
> |---|---|---|---|---|---|---|
> | 数学での表記 | = | ≠ | < | > | ≦ | ≧ |
> | Java での表記 | == | != | < | > | <= | >= |
> | 例 | a == b | a != b | a < b | a > b | a <= b | a >= b |

たとえば，$a=3, b=5$ のとき，a == b, a > b, a >= b は偽となり，a != b, a < b, a <= b は真となります．

条件式は，**論理積**（かつ，and）を意味する`&&`，**論理和**（または，or）を意味する`||`，**否定**（ではない，not）を意味する`!`を使って組み合わせることが可能です．条件式 p と条件式 q を組み合わせて新たな条件式を作る場合の真理値を見てみましょう．

条件式		かつ	または
p	q	p && q	p || q
真	真	真	真
真	偽	偽	真
偽	真	偽	真
偽	偽	偽	偽

条件式	否定
p	!p
真	偽
偽	真

たとえば，(a < 3) && (b > 5) は，$a=2$ かつ $b=6$ ならば真であり，$a=5$ ならば b の値に関係なく偽です．

同様に，(a < 3) || (b > 5) は，$a=2$ ならば b の値に関係なく真ですし，$b=6$ ならば a の値に関係なく真ですが，$a=4$ かつ $b=3$ ならば偽です．

`&&`や`||`は，二つの条件式をつなげるために使うことができます．勘違いしやすいのは，「変数 a が 2 か 3」という条件で，これは (a == 2) || (a == 3) と書かなければいけません．a == (2 || 3) は間違いですし，a == 2, 3 と書くこともできません．

また，`&&`や`||`を使うときは，条件式をカッコで囲むようにしましょう．a % 2 == 0 || b % 5 == 0 ではなく，(a % 2 == 0) || (b % 5 == 0) のようにカッコをつけて書いたほうが，間違いがなくなります†．

4.3 if 文の組み合わせ

複雑な条件を記述するときには，if 文の中の { } の間にも if 文を書くことができます．これを，if 文の**入れ子**とか**ネスト**とよびます．複雑な条件を書くためには，ネストが必要な場合もありますが，条件を整理すると `&&` や `||` を使って書けることもあります．

次の左のプログラムは，右のプログラムと同じ意味をもちます．よく考えてみましょう．

---

† 条件式を書くための演算子には，どの演算を先に実行するかの優先順位というものが決められています．しかし，初心者のうちは，優先順位に頼ることなく，カッコをつけて式の意味を明確にしたほうが間違いがありません．また，そのほうが読みやすいプログラムになります．

4.3 if 文の組み合わせ

▼ 例1　論理積 && を二つの if 文で表現した例

```
if ((条件式 1) && (条件式 2)) {
    A;
}
```

```
if (条件式 1) {
    if (条件式 2) {
        A;
    }
}
```

▼ 例2　論理和 || を if 文だけで表現した例

```
if ((条件式 1) || (条件式 2)) {
    A;
}
else {
    B;
}
```

```
if (条件式 1) {
    A;
}
else if (条件式 2) {
    A;
}
else {
    B;
}
```

▼ 例3　ネストの例．この場合，どちらがよいという決まりはありませんが，わかりやすい方法で書くべきでしょう．

```
if (条件式 1) {
    if (条件式 2) {
        A;
    }
    else {
        B;
    }
}
else {
    C;
}
```

```
if ((条件式 1) && (条件式 2)) {
    A;
}
else if (条件式 1) {
    B;
}
else {
    C;
}
```

　if 文には中カッコ { } を使いますね．この中カッコで囲まれた範囲で変数宣言をすると，その変数は同じ { } で囲まれた範囲でしか使えません．たとえば，if の { } の中で変数宣言をして変数を使った場合，その変数は else の後の { } 内では使えませんので注意しましょう（15 ページ参照）．

■ if 文の例プログラム

　では，if 文の例を見てみます．最初は，定番の奇数偶数判定です．

例 4.1　奇数偶数の判定

　入力された 0 以上の整数が，奇数か偶数かを判定しなさい．

　考え方 ▶ プログラムで奇数偶数を判定するには，2 で割って余りが 0 か 1 かを調べます．つまり，(seisu % 2) == 1 という条件式が真ならば奇数であり，そうでなけれ

ば偶数です．もちろん(seisu % 2) == 0 という条件式が真ならば偶数であり，そうでなければ奇数であると判定してもかまいません．

```java
1   import java.util.Scanner;
2   public class Reidai0401 {
3       public static void main(String[] args) {
4           int seisu;
5           Scanner sc = new Scanner(System.in);
6
7           System.out.print("整数を入力してください>> ");
8           seisu = sc.nextInt();
9           if (seisu % 2 == 1) {        // 2 で割った余りが 1 だった
10              System.out.println(seisu + " は奇数です");
11          }
12          else {                        // 2 で割った余りがそれ以外だった
13              System.out.println(seisu + " は偶数です");
14          }
15      }
16  }
```

実行結果 1

整数を入力してください>> 6 [Enter]
6 は偶数です

実行結果 2

整数を入力してください>> 3 [Enter]
3 は奇数です

次は，条件式を組み合わせた if 文の例です．

例 4.2　論理和を含む if 文

入力された 0 以上の整数が 3 の倍数か，または 7 の倍数であれば「3 か 7 の倍数」と画面に出力し，そうでなければ「3 でも 7 でも割り切れません」と出力するプログラムを作成しなさい．

```java
1   import java.util.Scanner;
2   public class Reidai0402 {
3       public static void main(String[] args) {
4           int seisu;
5           Scanner sc = new Scanner(System.in);
6
7           System.out.print("整数を入力してください>> ");
8           seisu = sc.nextInt();
9           if ((seisu % 3 == 0) || (seisu % 7 == 0)) { // 条件が「または」
10              System.out.println("3 か 7 の倍数");
11          }
12          else {
13              System.out.println("3 でも 7 でも割り切れません");
14          }
15      }
16  }
```

実行結果 1

整数を入力してください>> 9 [Enter]
3 か 7 の倍数

実行結果 2

```
整数を入力してください>> 16 [Enter]
3 でも 7 でも割り切れません
```

次は，else if と else を使って場合分けを行う例です．

例 4.3　**絶対値の比較**

入力された二つの整数について，どちらの絶対値が大きいか出力するプログラムを作成しなさい．

考え方▶ 絶対値を求めるためには Math.abs() というメソッドを使うことができます．Math.abs(-15) のように使います．

```java
 1  import java.util.Scanner;
 2  public class Reidai0403 {
 3      public static void main(String[] args) {
 4          int seisu1, seisu2;
 5          Scanner sc = new Scanner(System.in);
 6
 7          System.out.print("整数 1 を入力してください>> ");
 8          seisu1 = sc.nextInt();
 9          System.out.print("整数 2 を入力してください>> ");
10          seisu2 = sc.nextInt();
11          if (Math.abs(seisu1) > Math.abs(seisu2)) {      // seisu1 のほうが絶対値大
12              System.out.println("|" + seisu1 + "| > |" + seisu2 + "|");
13          }
14          else if (Math.abs(seisu1) < Math.abs(seisu2)) { // seisu1 のほうが絶対値小
15              System.out.println("|" + seisu1 + "| < |" + seisu2 + "|");
16          }
17          else {                                          // 絶対値が等しい
18              System.out.println("|" + seisu1 + "| = |" + seisu2 + "|");
19          }
20      }
21  }
```

実行結果 1

```
整数 1 を入力してください>> -20 [Enter]
整数 2 を入力してください>> 12 [Enter]
|-20| > |12|
```

実行結果 2

```
整数 1 を入力してください>> -10 [Enter]
整数 2 を入力してください>> 10 [Enter]
|-10| = |10|
```

if と else だけだと，絶対値が等しい場合が大小差のある場合に含まれてしまうので，if と else if と else を用いています．

次も，else if と else を使う例です．論理的な場合分けができるように，考えを整理してからプログラムを書くように心掛けましょう．

例 4.4　2 次方程式の解

2 次方程式 $ax^2 + bx + c = 0$ の解を求めるプログラムを作成しなさい．

考え方 ▶ 2 次方程式の解は，解の公式で求めることができます．プログラムを作る前に，場合分けをしっかり考えてみましょう．平方根を求めるためには，Math.sqrt() というメソッドを使うことができます．Math.sqrt(x) は，x の平方根を計算して返します．

```java
import java.util.Scanner;
public class Reidai0404 {
    public static void main(String[] args) {
        double a, b, c;
        double x1, x2;
        Scanner sc = new Scanner(System.in);

        System.out.println("方程式 ax^2 + bx + c = 0 の a b c を入力してください");
        System.out.print("a = ");
        a = sc.nextDouble();
        System.out.print("b = ");
        b = sc.nextDouble();
        System.out.print("c = ");
        c = sc.nextDouble();

        if ((b * b - 4 * a * c) == 0) {       // 重解の場合
            x1 = -b / (2 * a);
            System.out.println("解は重解で" + x1);
        }
        else if ((b * b - 4 * a * c) > 0) { // 実数解が二つの場合
            x1 = (-b + Math.sqrt(b * b - 4 * a * c)) / (2 * a);
            x2 = (-b - Math.sqrt(b * b - 4 * a * c)) / (2 * a);
            System.out.println("解は " + x1 + " と " + x2);
        }
        else {                                // 実数解がない場合
            System.out.println("実数解はありません");
        }
    }
}
```

実行結果 1

```
方程式 ax^2 + bx + c = 0 の a b c を入力してください
a = 2 Enter
b = 4 Enter
c = 2 Enter
解は重解で-1.0
```

実行結果 2

```
方程式 ax^2 + bx + c = 0 の a b c を入力してください
a = 1 Enter
b = 3 Enter
c = 2 Enter
解は -1.0 と -2.0
```

実行結果 3

```
方程式 ax^2 + bx + c = 0 の a b c を入力してください
a = 1 Enter
b = 2 Enter
c = 3 Enter
実数解はありません
```

練習問題

4.1 整数 n を読み込んで，n が 0 より小さければ「マイナスの数です」と，0 より大きければ「プラスの数です」と出力するプログラムを作成しなさい．▶例 4.1

4.2 整数 n を読み込んで，n の絶対値を出力するプログラムを作成しなさい．ただし絶対値を計算するメソッド Math.abs を使わないで計算しなさい．
ヒント ▶ 練習問題 4.1 を参考にし，マイナスの数ならば，-1 倍した値を出力すればよいだけです．

4.3 二つの整数を読み込んで，異なる整数であるかどうかを判定するプログラムを作成しなさい．▶例 4.3

4.4 二つの整数 a, b を読み込んで，a が b の倍数であるかどうかを判定するプログラムを作成しなさい．▶例 4.3

4.5 二つの整数を読み込んで，大きいほうの値を出力するプログラムを作成しなさい．▶例 4.3

4.6 三つの整数を読み込んで，その中の最大値を出力するプログラムを作成しなさい．たとえば入力に 6, 4, 6 が与えられたら，6 を答えることとします．▶例 4.4

4.7 四つの整数を読み込んで，その中の最小値を出力するプログラムを作成しなさい．たとえば入力に 6, 4, 8, 4 が与えられたら，4 を答えることとします．▶例 4.4

4.8 整数 n を読み込んで，n が 2 の倍数であり 3 の倍数なら画面に「6 の倍数です」と，n が 2 の倍数であるが 3 の倍数ではないなら画面に「2 の倍数ですが 3 の倍数ではありません」と，n が 3 の倍数であるが 2 の倍数ではないなら画面に「3 の倍数ですが 2 の倍数ではありません」と，それ以外なら画面に「2 の倍数でも 3 の倍数でもありません」と出力するプログラムを作成しなさい．

4.9 1600 以上の西暦の年を入力すると，その年がうるう年かどうか判定し，「うるう年です」「うるう年ではありません」のどちらかを出力するプログラムを作成しなさい．西暦の年が 4 で割り切れる年はうるう年ですが，100 で割り切れる年はうるう年ではなく，400 で割り切れる年はうるう年です．たとえば 2004 年はうるう年ですが，1900 年はうるう年ではなく，2000 年はうるう年です．

05 | for文
決まった回数の繰り返し

コンピュータプログラムの処理の流れには，(1) 上から下へ順番に実行，(2) 場合によって枝分かれ，(3) 繰り返しの三つの形があることは前にも説明しました．ここでは 3 番目の繰り返しを勉強しましょう．

繰り返しとは，同じ処理を何度も実行することです．Java には，繰り返しを実現するための構文がいくつか用意されていますが，ここでは for（フォー）文を勉強しましょう．

5.1 for 文の書き方

for 文は，繰り返し回数が決まっている場合に使う定番の構文です．for 文は次のように書きます．

Point for 文の書き方
```
for (int i = 0; i < 回数; i++) {
    文;
}
```

このように書くと，**文**の部分が指定された**回数**だけ繰り返し実行されます．回数の部分には数字，整数の変数，整数の式などを書いてください．コンピュータは，繰り返し処理を実行中，何回繰り返したかを数えなければいけません．この繰り返し回数を数えるために，カウンタとよばれる変数を使います．

ここで，for 文として書かなければいけない骨組は，

```
for ( ; ; ) {
}
```

だけです．(; ;) は顔文字のようにも見えますが，セミコロンの間に式などが入ります．文法的には次の意味をもっています．

Point for 文の構造
```
for (カウンタ = 初期値; 継続条件; カウンタ更新) {
    文₁;
    ⋮
```

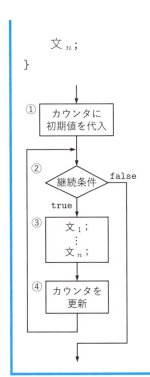

　　　　文 $_n$;
　　}

実行は以下のとおりに行われます．
① カウンタに初期値を代入する．
② 継続条件を調べ，条件が真なら③へ進む．条件が偽なら for 文を終了する．
③ 文 $_1$ ... 文 $_n$ を実行する．
④ カウンタの更新処理をして②に戻る．

　for 文ではカウンタ変数を使いますが，カウンタ変数には通常，整数 (int) を使い，変数名は i とか j を使うのが通例になっています．このカウンタ変数は for 文の中でしか使われません．そこで for 文は，for 文の中でカウンタ変数の宣言と初期化が同時に行えるようになっています．int i = 0; と書いてしまうのです．

　継続条件はこのカウンタを用いて書くのが普通です．i が 10 より小さい間繰り返すならば，i < 10; と書きます．

　カウンタの更新は通常，1 ずつ増やします．たとえば変数 i の値を 1 増加させるためには，i + 1 の計算結果を i に代入します．つまり，次の式になります．

```
i = i + 1;
```

代入文の右と左に i が現れますが，間違いではありません．右が先に計算され，その結果が左の変数に代入されるのです．このような書き方は今後もたくさん出てきますから，いまここで覚えておきましょう．

　ところで i = i + 1; は非常に頻繁に使われる計算です．そこで Java には，i = i + 1; をもっと簡単に書く方法 ++ が用意されています．単純に i++; と書くと，i = i + 1; と同じ意味になるのです．

Point　++ 演算子

　i++; は i = i + 1; と同じ意味

ちなみにコンピュータの世界では，10回というのは，基本的に0回目〜9回目と，0から数え始めるのです．だからiの初期値は0，条件は10未満になります．したがって，forの最初の行は，次のように書けます．

```
for(int i = 0; i < 10; i++)
```

では，例プログラムを見てみましょう．まず0, 1, 2, 3, 4の五つの整数を表示するプログラムは，繰り返しを使わない場合，次のように何度も同じことを書くことになります．

```
int i;
i = 0;
System.out.println(i);
i++;
System.out.println(i);
i++;
System.out.println(i);
i++;
System.out.println(i);
i++;
System.out.println(i);
```

これを，繰り返しを使って書いたのが次の例です．プログラムの中に同じ行は出現していませんね．

例 5.1　繰り返しを用いた連番の表示

0, 1, 2, 3, 4 を表示するプログラムを作成しなさい．

```
1  public class Reidai0501 {
2      public static void main(String[] args) {
3          for (int i = 0; i < 5; i++) {          // for で 5 回繰り返し
4              System.out.println(i);
5          }
6      }
7  }
```

実行結果
```
0
1
2
3
4
```

forの条件に注意しましょう．iの初期値は0，繰り返しの条件は i < 5 です．

次は単純な足し算を繰り返す例です．掛け算を足し算だけで計算してみます．

例 5.2　単純な繰り返し

整数の掛け算 $n \times m$ を，足し算だけで計算しなさい．

考え方▶ n を m 回足し算すればよいだけです．

```java
1   import java.util.Scanner;
2   public class Reidai0502 {
3       public static void main(String[] args) {
4           int n, m, kekka;
5           Scanner sc = new Scanner(System.in);
6
7           System.out.print("整数 n を入力してください>> ");
8           n = sc.nextInt();
9           System.out.print("整数 m を入力してください>> ");
10          m = sc.nextInt();
11          kekka = 0;                    // 計算結果を 0 に初期化
12          for (int i = 0; i < m; i++) {
13              kekka = kekka + n;        // kekka に n を m 回足す
14          }
15          System.out.println("n × m は " + kekka);
16      }
17  }
```

実行結果

```
整数 n を入力してください>> 4 [Enter]
整数 m を入力してください>> 6 [Enter]
n × m は 24
```

for の条件に注意しましょう．i の初期値は 0，繰り返しの条件は i < m です．

> **Note** カウンタの変数名
>
> カウンタの変数名には，その変数名に特別な意味をもつ名前をつけたい場合を除いて，慣例として i, j, k, m, n か，または i, j, k, m, n を頭文字としたもの（たとえば ii, jjj, k1 など）を用います．これは，数学の変数名につけるサフィックス a_{ijk} からきているものと思われ，海外でもこのような習慣になっているようです．なお，l（小文字のエル）は数字の 1 と紛らわしいので，サフィックスでは用いられますが，プログラミングでは用いないほうがよいでしょう．

5.2 1 からある数までの総和

プログラムを使って 1 から適当な正の整数 seisu までの和を求めることを考えてみましょう．1 からある数までの和や積というのは，for 文の典型的な基礎問題です．

ここではプログラミングの練習のため，総和を seisu * (1 + seisu) / 2 の公式で計算するのではなく，一つずつ数を足していくことを考えます．単純に考えるなら，次のような式になります．

```
sowa = 1 + 2 + 3 + ... + seisu;
```

しかしこれでは，seisu が非常に大きな数のときはプログラムを書くのが面倒ですね．そもそもプログラム実行時にならないと seisu を確定することができないので，プログラムを書くことができません．どうすればよいのでしょうか？

このような計算をする場合，コンピュータのプログラムでは，次のように変数を一つ用意して，そこに数を足していくことを考えます．

```
sowa = 0;              // まず変数に 0 を入れておく
sowa = sowa + 1;       // そこに 1 を加える
sowa = sowa + 2;       // 2 を加える．以下続く
    ⋮
sowa = sowa + seisu;   // 指定した seisu まで加えたら終わり
```

これでもまだ，プログラム実行時にならないと何行のプログラムが必要かわからず，プログラムを書くことができません．そこでもう一段階，変数 i を用意することで，次のように書き直すことができます．

```
sowa = 0;
i = 1;                 // i を 1 としておく．
sowa = sowa + i;       // 変数に i を加える．  sowa=0+1
i++;                   // i を一つ増やす．  i は 2
sowa = sowa + i;       // 変数に i を加える．  sowa=1+2
i++;                   // i を一つ増やす．  i は 3
sowa = sowa + i;       // 変数に i を加える．  sowa=3+3
i++;                   // i を一つ増やす．  i は 4
```

同じパターンの繰り返しですね．これは，次のように for 文を使って書くことができます．

```
sowa = 0;                           // まず変数に 0 を入れておく．
for (int i = 1; i <= seisu; i++) {
    sowa = sowa + i;
}
```

これが総和を求めるための for 文の形です．この形はプログラムの定石なので，形そのものを覚えてしまいましょう．プログラム全体を，次の例で見ておきましょう．

例 5.3　総和のプログラム

1 以上の整数を変数 seisu として読み込んで，1 から seisu までの総和を求めるプログラムを作成しなさい．

考え方▶ この場合，変数 i は繰り返し回数を数えるカウンタであると同時に，「i 番目の数」を表しています．このプログラムは seisu まで足さなければいけないので，for 文が 1 から seisu 以下までになっていることに注意してください．

では，for 文を使ったプログラムの全体を以下に示します．

```
 1  import java.util.Scanner;
 2  public class Reidai0503 {
 3      public static void main(String[] args) {
 4          int sowa, seisu;
 5          Scanner sc = new Scanner(System.in);
 6
 7          System.out.print("1 以上の整数を入力してください>> ");
 8          seisu = sc.nextInt();
 9          sowa = 0;    // 総和を代入する変数 sowa を 0 にする（sowa の初期化）
10          for (int i = 1; i <= seisu; i++) {
11              sowa = sowa + i;    // それまでの総和に i の値を加えて新しい総和とする
```

```
12          }
13          System.out.println("総和は " + sowa);
14      }
15  }
```

実行結果

```
1 以上の整数を入力してください>> 10 [Enter]
総和は 55
```

5.3　for文とif文の組み合わせ

for文や，前章で説明したif文は単独に用いるだけではなく，組み合わせて使うことができます．for文の中にif文を組み合わせることで，条件に合う数字だけを数える例を見てみましょう．

例 5.4　条件に合う数を数える

1以上の整数を変数 seisu として読み込んで，seisu 未満の整数の中に 3 で割ると 1 余る数がいくつあるか調べるプログラムを作成しなさい．

考え方▶ これは，for文の中で条件に合う数がいくつあるかを数えるというプログラムの定石です．for文とif文を組み合わせて使います．

3で割って1余るの判定は，i % 3 == 1 という条件式が真かどうかを調べればよいですね．個数を数える場合は，kosu という変数を用意しておいて，条件に合うものが見つかったら kosu に 1 を加える，つまり，kosu++ と書けばよいです．勘違いして kosu に i を足さないでくださいね．

```
1   import java.util.Scanner;
2   public class Reidai0504 {
3       public static void main(String[] args) {
4           int kosu, seisu;
5           Scanner sc = new Scanner(System.in);
6
7           System.out.print("1 以上の整数を入力してください>>");
8           seisu = sc.nextInt();
9           kosu = 0;       // 個数を入れる変数 kosu を 0 にする (kosu の初期化)
10          for (int i = 1; i < seisu; i++) { // i を 1 から seisu まで繰り返す
11              if (i % 3 == 1) { // i が条件に合うかどうか if 文で調べる
12                  kosu++;       // 3 で割って 1 余るならば kosu に 1 を加える
13              }
14          }
15          System.out.println("1 から" + seisu + "未満に条件に合う数は" + kosu + "個");
16      }
17  }
```

実行結果

```
1 以上の整数を入力してください>> 200 [Enter]
1 から 200 未満に条件に合う数は 67 個
```

次は，for文の中にif文を使うことで，条件によって計算方法を変更する例です．

例 5.5　if 文を繰り返す

1 以上の整数 n を読み込み，$1-2+3-4+\cdots+(-1)^{n+1}\times n$ を計算するプログラムを作成しなさい．

考え方▶ ここでは，for 文の中で if 文を使って条件分けする方法でプログラムを書いてみましょう．もちろん $(-1)^{(n+1)}$ を使って計算する方法も，簡単に作ることができるので，興味のある人はチャレンジしてみましょう．

```java
import java.util.Scanner;
public class Reidai0505 {
    public static void main(String[] args) {
        int sowa, n;
        Scanner sc = new Scanner(System.in);

        System.out.print("n = ");
        n = sc.nextInt();
        sowa = 0;
        for (int i = 1; i <= n; i++) {    // for は 1 から n まで
            if (i % 2 == 1) {             // 奇数ならプラス
                sowa = sowa + i;
            }
            else {                        // 偶数ならマイナス
                sowa = sowa - i;
            }
        }
        System.out.println("総和: " + sowa);
    }
}
```

実行結果

```
n = 10 [Enter]
総和: -5
```

5.4　for 文を使った二重ループ

for 文の { } の中には，どのようなプログラムを書いてもかまいません．いままでに for 文の中に if 文を組み合わせる例を見ましたが，for 文の中に for 文を書くこともできます．これを for 文の入れ子とか二重ループとよびます．

for 文の二重ループを書く場合，外側の for と内側の for では，別のカウンタ変数を使う必要があるので注意してください．まずは単純な二重ループの例を見てみましょう．

例 5.6　繰り返しを繰り返す

掛け算九九の表を出力するプログラムを作成しなさい．

```java
public class Reidai0506 {
    public static void main(String[] args) {
        for (int i = 1; i <= 9; i++) {       // 行の繰り返し．外側のループ
            for (int j = 1; j <= 9; j++) {   // 列の繰り返し．内側のループ
```

```
5                    int x = i * j;
6                    System.out.print("   " + x);
7                }
8                System.out.println();            // 1 行の最後に，改行する
9            }
10       }
11 }
```

実行結果

```
1   2   3   4   5   6   7   8   9
2   4   6   8   10  12  14  16  18
3   6   9   12  15  18  21  24  27
4   8   12  16  20  24  28  32  36
5   10  15  20  25  30  35  40  45
6   12  18  24  30  36  42  48  54
7   14  21  28  35  42  49  56  63
8   16  24  32  40  48  56  64  72
9   18  27  36  45  54  63  72  81
```

プログラムは動きましたが，ちょっとイメージしたものと違ってしまいました．表というからには，縦横そろえたいものです．6 行目の System.out.print を次のように変更するとどうでしょう．¥t は 11 ページで勉強した特殊な文字です．

```
System.out.print("¥t" + x);
```

さて，実行結果はどうなりましたか？

実行結果

```
1    2    3    4    5    6    7    8    9
2    4    6    8    10   12   14   16   18
3    6    9    12   15   18   21   24   27
4    8    12   16   20   24   28   32   36
5    10   15   20   25   30   35   40   45
6    12   18   24   30   36   42   48   54
7    14   21   28   35   42   49   56   63
8    16   24   32   40   48   56   64   72
9    18   27   36   45   54   63   72   81
```

少しよくなりましたが，まだ数字が桁でそろっていません．数字の表示桁数を合わせるために，Java には format というメソッドが用意されています．format の使い方は少し複雑ですが，詳細は 19 ページを見てください．とりあえず System.out.print を，次のように変更してみましょう．◆

```
System.out.print(String.format("%4d", x));
```

今度は綺麗にそろったはずです．

実行結果

```
   1   2   3   4   5   6   7   8   9
   2   4   6   8  10  12  14  16  18
   3   6   9  12  15  18  21  24  27
   4   8  12  16  20  24  28  32  36
```

```
5  10  15  20  25  30  35  40  45
6  12  18  24  30  36  42  48  54
7  14  21  28  35  42  49  56  63
8  16  24  32  40  48  56  64  72
9  18  27  36  45  54  63  72  81
```

5.5 カウントダウン

for文は，数字を一つずつ増やしていくカウントアップだけではなく，一つずつ減らしていくカウントダウン形式も書くことができます．たとえば「iを0から99」ではなく，「iを99から0」と指定できます．一つずつ数を増やすときには++演算子が使えましたが，反対に数を減らすときには，-- 演算子が使えます．

> **Point** -- 演算子
>
> i--; は i = i - 1; と同じ意味

これを使うと，

```
for (int i = 99; i >= 0; i--) {
    ;
}
```

という書き方ができます．繰り返しの初期値の与え方，繰り返しを続ける条件の書き方などに注意してください．

実際のプログラムでは，1ずつのカウントアップやカウントダウン以外にも，2ずつカウントアップとか，3ずつカウントダウンなどを作ることがあるかもしれません．そのような場合，++ や -- の代わりに以下の演算子を使うと便利です．

> **Point** += 演算子と -= 演算子
>
> i += m; は i = i + m; と同じ意味
>
> i -= m; は i = i - m; と同じ意味

> **Note** ++i と i++
>
> ++ 演算子には二つの使い方があります．変数の前に書く ++i と，変数の後に書く i++ です．実はこれは意味が違います．変数の前に書くと，まず変数の値が1増えて，それからその変数の値が使われます．一方，変数の後に書くと，変数の値が使われた後，変数の値が1増えます．つまり，System.out.println(x++); とすると，x が表示された後に x の値が1増えます．次の例を実行して，なぜそうなるか考えてみてください．
>
> ```
> int x=2;
> System.out.println(x++);   // 2 が表示される
> System.out.println(x);     // 3 が表示される
> System.out.println(++x);   // 4 が表示される
> System.out.println(x);     // 4 が表示される
> ```

練習問題

5.1 1以上の整数 n と m を読み込んで，n^m を計算するプログラムを作成しなさい． ▶例 5.2
ヒント▶ n^m は，n を m 回掛け合わせればよいです．

5.2 1以上の整数 n を読み込んで，n の階乗 $n!$ を計算するプログラムを作成しなさい． ▶例 5.3
ヒント▶ $n!$ は 1 から n まで掛け合わせればよいです．1 から n までの総和と似ていますね．

5.3 正の整数 n を読み込んで，n 以下の奇数の総和を計算するプログラムを作成しなさい． ▶例 5.4

5.4 1以上の整数 n を読み込んで，1 から n までに 2 で割ると 1 余り，かつ 3 で割ると 2 余る数がいくつあるか調べるプログラムを作成しなさい． ▶例 5.4

5.5 1以上の整数 n を読み込んで，n の約数をすべて列挙するプログラムを作成しなさい．
ヒント▶ `for(int i = 1; i <= n; i++)` として，`n % i == 0` のときだけ `i` を表示すればよいでしょう．約数には 1 も n も含みます．

5.6 二つの 1 以上の整数 m と n を読み込んで，m と n の公約数をすべて出力するプログラムを作成しなさい．
ヒント▶ `for(int i = 1; i <= m; i++)` とし，`m % i == 0` であり，かつ `n % i == 0` であるときだけ `i` を出力すればよいでしょう．

5.7 二つの 2 桁の整数 m と n を読み込んで，$m \times n$ 以下の m と n の公倍数をすべて出力するプログラムを作成しなさい．
ヒント▶ `for(int i = 1; i <= (m * n); i++)` とし，`i % m == 0` であり，かつ `i % n == 0` であるときだけ `i` を出力すればよいでしょう．実際には `i=1` からではなく，m 以上か n 以上だけ計算したほうがよいでしょう．公倍数には $m \times n$ を含みます．

5.8 1以上の整数 n を読み込んで，次の実行例のように，$1!$ から $n!$ までを出力するプログラムを作成しなさい．二重ループ（例 5.6）を使う方法と，二重ループを使わない方法を検討しなさい．

実行例
```
数を入力してください>> 4 Enter
1! = 1
2! = 2
3! = 6
4! = 24
```

5.9 0 から 19 までの整数を，4 行 5 列で表示するプログラムを作成しなさい． ▶例 5.6
ヒント▶ 基本は二重ループを使う方法です．それ以外の方法もありますし，二重ループを使う方法も一つだけではありません．いろいろ試してみましょう．

出力例
```
 0  1  2  3  4
 5  6  7  8  9
10 11 12 13 14
15 16 17 18 19
```

06 | 定数と乱数
便利な書き方

ここまできたら，もう皆さんは出力方法，演算方法，データの記憶方法（変数と型），入力方法，条件分岐の方法（if 文），繰り返しの方法（for 文）という順番で，プログラムの重要な要素を一通り勉強したことになります．そこでこの章では，少し肩の力を抜いて，プログラムを便利に書くための定数と，プログラムの応用の幅を広げる乱数について学びましょう．

6.1 定数

第 5 章で説明した for 文を使うと，0 から 5 までの数を順番に表示するというプログラムを簡単に書くことができました．この 5 という数を変更したい場合は，プログラムの 5 の部分を書き直す必要がありました．

5 が 1 箇所だけなら簡単です．ところが，for 文の中に if 文が書かれている複雑なプログラムのあちこちに，5 という数字が使われていたら，プログラムの書き換えは少し面倒になるかもしれません．

そこで，プログラムを作成するとき，何度も登場する固定の数値を，定数として名前をつけて宣言しておくと便利です．プログラムを書いた後でこの数値を変更しなければいけなくなったら，その宣言の部分だけを書き換えればよいのです．

この後の章で出てくる配列では，定数が非常に活躍することになります．そもそもプログラムの中に数値を直接書くことは，プログラムを「汚く」する原因とされているのです．定数を積極的に活用できるようにしておきましょう．

定数の宣言には，変数宣言にキーワード final を加えるだけです．

> **Point** 定数の宣言
>
> ```
> final 型名 変数名 = 数値;
> ```

たとえば，次のように書きます．

```
final int SAIDAICHI = 100;
```

これ以降，SAIDAICHI は int 型の 100 として扱われます．変数との違いは，以降のプログラムで定数に別の数値を代入しようとすると，エラーになるという点です．なお，定数の名前には，すべて大文字を使う慣例があります．もちろん，一つのプログラムの中にいくつもの定数宣言を書いてかまいません．定数宣言は，定数を使うところよ

りも前に書くことが重要です．

次のプログラムは，繰り返す回数に定数を使った例です．

例 6.1　for 文に定数を使った例

0 から N までを表示するプログラムを作成しなさい．ただし，N は定数として宣言しなさい．

```java
public class Reidai0601 {
    public static void main(String[] args) {
        final int N = 5;                        // 定数の宣言
        for (int i = 0; i <= N; i++) {
            System.out.println(i);
        }
    }
}
```

実行結果
```
0
1
2
3
4
5
```

この例では，定数 N は 1 箇所しか出てきませんが，より複雑なプログラムでは，定数が非常に活躍します．

Note　円周率

円周率の数値は知っていますよね？　おおよそ 3，または 3.14，より正確には 3.141592653589793…といったところでしょうか．プログラムの中で円周率を使う場合，どのような数を使うべきでしょうか．実はこれは目的によって異なっているのです．たとえば陸上競技のコースを設計する場合，円周率は 3.1416 を使うことがルールブックに書かれています．指輪を作るときは 3.14 を使うそうです．人工衛星の軌道計算は，もっと小数点以下の桁数が多い精密な値が使われています．

このように円周率は，目的によって違う値が使われるのです．それならば，円周率をプログラムの中に直接書くのではなく，定数として宣言しておけばよいでしょう．将来，円周率の数値が変わったとしても，定数の部分だけ書き換えればよいのです．「将来，円周率の数値が変わる」は数学的には冗談でしかありませんが，プログラミングの世界では起こりうることなのです．

6.2　乱　数

コンピュータのプログラムは，いつも正確に同じ計算をしてくれます．いつ何度実行しても，疲れることなく，同じ計算結果を返してくれます．しかしいつも同じでは，たとえば，コンピュータにゲームの相手をさせることができませんね．

そこで Java には，メソッドを呼ぶたびに毎回違う数を計算結果として返す，乱数生成機能が用意されています．乱数とは，次の数が予想できない数列と考えてもかまいません．

第6章 定数と乱数

Javaで乱数を使うためには，`Math.random()`というメソッドを使います．`Math.random()`は，呼び出すたびに0以上1未満の実数の乱数を返します．

> **Point　実数の乱数の生成**
>
> `Math.random()`

`Math.random()`は，0以上1未満の実数の乱数しか得られません．そこで，欲しい乱数によって，次のような使い分けが必要です．

1. 0以上10未満の実数の乱数が欲しい場合

   `Math.random()`の計算結果を10倍すればよいだけです．

   ```
   a = 10 * Math.random();
   ```

2. 0以上10未満の整数の乱数が欲しい場合

   `Math.random()`の計算結果を10倍し，これを整数にキャストします．（キャスト → 19ページ参照）

   ```
   b = (int) (10 * Math.random() );
   ```

3. 1以上10以下の整数の乱数が欲しい場合

   0から始まらない乱数が欲しい場合，適当な数を足し算すればよいでしょう．

   ```
   c = 1 + (int) (10 * Math.random() );
   ```

実数の乱数を使うプログラムの例を見てみましょう．

例6.2　乱数生成を繰り返す

2以上3未満の実数の乱数を10個出力するプログラムを作成しなさい．

考え方 ▶ `Math.random()`は0以上1未満の実数の乱数を生成します．求められているのは2以上3未満の乱数なので，生成された乱数に2を加えればよいでしょう．

```java
public class Reidai0602 {
    public static void main(String[] args) {
        final int N = 10;                    // 定数
        double x;
        for (int i = 0; i < N; i++) {
            x = Math.random() + 2;           // 乱数
            System.out.println(">> " + x);
        }
    }
}
```

```
実行結果
>> 2.650250436075789
>> 2.578811658659773
>> 2.961791565354819
>> 2.553668228885561
>> 2.8739878202126516
>> 2.369258216139009
>> 2.0653043033768825
>> 2.0670836178393905
>> 2.8351763186864214
>> 2.9641879520520344
```

乱数を用いているため，実行結果が毎回異なることに注意しましょう．

次は整数の乱数を使う例です．乱数の範囲に注意してください．

例 6.3　整数の乱数

乱数を用いて，0 以上 100 以下の整数の乱数を 10000 個生成し，その平均値を求めなさい．

考え方 ▶ Math.random() は 0 以上 1 未満の実数の乱数を生成します．今回作るのは 0 から 100 までだから，100 * Math.random() でよいでしょうか？ それとも整数にするために，(int)(100 * Math.random()) でしょうか？ いえいえ，これでは 0 以上 100 未満になってしまいます．では 1 + (int)(100 * Math.random()) でしょうか？ しかし，これでは 1 以上 100 以下になってしまいます．そう，正解は (int)(101 * Math.random()) です．

```java
 1  public class Reidai0603 {
 2      public static void main(String[] args) {
 3          final int N = 10000;
 4          int value;
 5          double sum, ave;
 6  
 7          sum = 0;
 8          for (int i = 0; i < N; i++) {
 9              value = (int) (101 * Math.random());   // 乱数生成
10              System.out.println(" >> " + value);
11              sum = sum + value;                     // 合計計算
12          }
13          ave = sum / N;                             // 平均計算
14          System.out.println("平均値 =" + ave);
15      }
16  }
```

このプログラムは乱数を使っているので，毎回実行結果が異なります．しかし，平均はおおよそ想像した範囲におさまるのではないでしょうか．N をいろいろ変えて試してみましょう．

> **Note** もう一つの乱数 ◆
>
> Java には，`Math.random()` のほかにも乱数を作る方法が用意されています．Random クラスを使い，次のようにプログラムを作るのです．
>
> ```
> Random rnd = new Random();
> int x = rnd.nextInt(10);
> ```
>
> なんとなく Scanner を使ってデータを読み込むのに似ていますね．そうです，Random クラスを使う場合，キーボードから次の値を読み込むように次の乱数を rnd というところから読み込むと考えてもよいでしょう．

練習問題

6.1 乱数機能を用いて 0 以上 100 未満の実数の乱数を 100 個生成し，その中に 33 未満の数がいくつあったかを数えて出力するプログラムを作成しなさい．
ヒント ▶ for 文を使って繰り返し乱数生成します．合計や平均を計算する必要はありません．ただ単に，生成した乱数が 33 未満かどうか if 文で調べて，33 未満だったら個数を数えればよいのです．個数を数えるプログラムは，例 5.4 を参考にしましょう．

6.2 乱数機能を用いて 1 以上 100 以下の整数の乱数を 10000 個生成し，その中に奇数がいくつあったかを数えて出力するプログラムを作成しなさい．
ヒント ▶ 練習問題 6.1 と同様に作成すればよいでしょう．

6.3 乱数機能を用いて 1 以上 100 以下の整数の乱数を 10000 個生成し，その中に 3 の倍数がいくつあったかを数えて出力するプログラムを作成しなさい．

07 | while文
決まっていない回数の繰り返し

「この鍋にコップで10杯の水を入れてください」といわれたら，水を10回入れることがあらかじめわかっています．しかし「この鍋がいっぱいになるまでこのコップで水を入れてください」といわれたら，水を何回入れるかは事前にわかりませんね．これと同じで，for文は実行する回数をプログラムから指定しましたが，事前に繰り返し回数がわからない場合があります．このように，あらかじめ回数を決めずに繰り返しを続ける処理を書く方法の一つがwhile文です．

7.1 while文の書き方

while文は，条件を満たしている限り繰り返すという構文で，次のように書きます．

Point while文

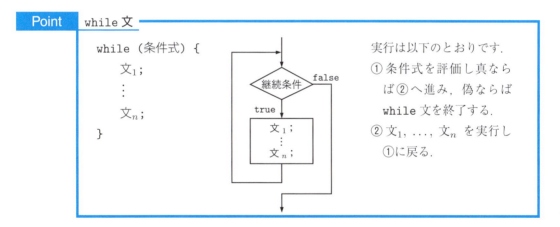

```
while (条件式) {
    文₁;
    ⋮
    文ₙ;
}
```

実行は以下のとおりです．
① 条件式を評価し真ならば②へ進み，偽ならばwhile文を終了する．
② 文₁, ..., 文ₙ を実行し①に戻る．

ちなみにfor文のプログラムは，工夫すればwhile文で書き換えることが可能です．

■ while文の例プログラム

早速，while文の例を見てみましょう．まずは引き算を繰り返すことで，割り算を作ってみます．

例7.1 whileで商を求める

1以上の整数二つを変数seisu1とseisu2に読み込み，seisu1をseisu2で割った商を計算するプログラムを，/ を用いずに作成しなさい．

考え方▶ seisu1から何回seisu2を引くことができるかを計算すれば，答は求められます．つまり，seisu1がseisu2より大きい間，seisu1からseisu2を引くとい

う処理を繰り返します．何回繰り返せたか回数を数えておけば，それが答になります．

```java
1  import java.util.Scanner;
2  public class Reidai0701 {
3      public static void main(String[] args) {
4          int seisu1, seisu2, sho;
5          Scanner sc = new Scanner(System.in);
6
7          System.out.print("seisu1 = ");
8          seisu1 = sc.nextInt();         // seisu1 読み込み
9          System.out.print("seisu2 = ");
10         seisu2 = sc.nextInt();         // seisu2 読み込み
11         sho = 0;
12         while (seisu1 >= seisu2) {     // seisu1 のほうが大きい間
13             seisu1 = seisu1 - seisu2;  // seisu2 を引く
14             sho++;                     // 引いた回数を記録しておく
15         }
16         System.out.println("商は" + sho + "です");
17     }
18 }
```

実行結果

```
seisu1 = 11 [Enter]
seisu2 = 3  [Enter]
商は 3 です
```

次は，ちょっと頭の体操みたいな問題例です．コップ（指定された x）があふれるまで水（数字）を足していくと考えてみてください．あふれたらストップです．

例 7.2　$x \leqq 1+2+\cdots+n$ を満たす最小の n

1 以上の整数 x を読み込み，$x \leqq 1+2+\cdots+n$ を満たす最小の n の値を求めるプログラムを作成しなさい．

```java
1  import java.util.Scanner;
2  public class Reidai0702 {
3      public static void main(String[] args) {
4          int x, n, sowa;
5          Scanner sc = new Scanner(System.in);
6
7          System.out.print("x = ");
8          x = sc.nextInt();
9          sowa = 0;
10         n = 0;
11         while (sowa < x) {    // x より小さい間
12             n++;
13             sowa = sowa + n;  // sowa に n を足し続ける
14         }
15         System.out.println("x <= 1+2+…+n を満たす最小の n は" + n);
16     }
17 }
```

実行結果

```
x = 6 [Enter]
x <= 1+2+…+n を満たす最小の n は 3
```

今度は，実用的なプログラムのテクニックの例です．データの最後が指定されるまで，足し算を続けます．

例 7.3 不定個数の数の足し算（その 1）◆

入力として 1 人以上の生徒のテストの点数を読み込み，その合計を計算して出力するプログラムを作成しなさい．ただし，テストは何人分あるかわからないため，点数を順番に読み込み，マイナスの値が入力されたらそれまでの合計を計算して出力するものとします．

```java
import java.util.Scanner;

public class Reidai0703 {
    public static void main(String[] args) {

        int ninzu, gokei, nyuryoku;
        Scanner sc = new Scanner(System.in);

        ninzu = 0;
        gokei = 0;
        nyuryoku = 0;
        while (nyuryoku >= 0) {         // 点数が 0 以上の間
            gokei = gokei + nyuryoku;
            System.out.print(ninzu + "人目のテストの点数>> ");
            ninzu++;
            nyuryoku = sc.nextInt(); // 点数を読み込む
        }
        ninzu--;
        System.out.println(ninzu + "人のテストの合計 = " + gokei);
    }
}
```

なぜ `ninzu--` が必要なのか考えてみましょう．この例プログラムでは 0 人目から始まっています．これは，今後，配列を扱うようになると 0 から数えるので，その練習だと思ってください．

実行結果

```
0 人目のテストの点数>> 100 [Enter]
1 人目のテストの点数>> 95  [Enter]
2 人目のテストの点数>> 80  [Enter]
3 人目のテストの点数>> 90  [Enter]
4 人目のテストの点数>> -1  [Enter]
4 人のテストの合計 = 365
```

7.2 do-while 文

Java には while 文に似たもので，do-while 文という構文も用意されています．do-while 文は以下のように書きます．

> **Point** do-while 文
>
> ```
> do{
>     文 1;
>     文 2;
>     ⋮
> } while (条件式);
> ```

while 文とほぼ同じですが，while（条件式）が最後にあります．do-while 文では，文 1, 文 2, ... を実行してから条件式がチェックされます．つまり，条件が真にならなくても，最低 1 回は繰り返しの中身を実行します．

7.3 break, continue

while 文は，文の最初に繰り返しの条件を書きました．do-while 文は，文の終わりに繰り返しの条件を書きました．でも，もし繰り返しの途中に条件を書くことができたら，もっと便利になるのではないでしょうか．そのような目的のために，break という文が用意されています．break が呼ばれると，繰り返し構文はそこで終了します．

> **Point** 繰り返しを途中で終わらせる
>
> ```
> break;
> ```

while 文は，while(true) と書くと無限に繰り返すことを指示でき，break と組み合わせて使うことがあります．また，break は for 文の中でも使うことができます．1000 回繰り返すつもりでいたけど，途中で条件が満たされたので繰り返しを終わらせる場合などに便利です．

break に似たものに continue があります．continue 文は，繰り返しの先頭に強制的にジャンプします．for 文に continue を使った場合は，カウンタの更新にジャンプします．break や continue は，while や for の繰り返しの中で，if 文と組み合わせて使います．

図 7.1 から図 7.3 は，while 文を例に break と continue を比較したものです．よく見比べてみましょう．break は繰り返しを途中で強制終了，continue は繰り返しの条件判定へジャンプします．

例 7.3 のプログラムについて，100 点よりも大きな点数が入力されたら再入力を促すようにしてみましょう．break と continue を使って書き直したものが次の例です．

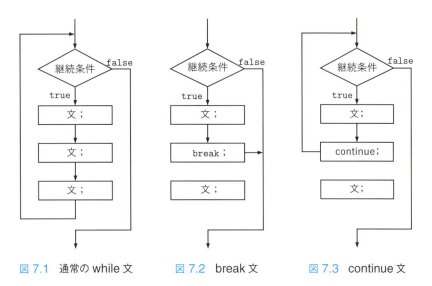

図 7.1　通常の while 文　　図 7.2　break 文　　図 7.3　continue 文

例 7.4　不定個数の数の足し算（その 2）◆

```java
import java.util.Scanner;
public class Reidai0704 {
    public static void main(String[] args) {
        int ninzu, gokei, nyuryoku;
        Scanner sc = new Scanner(System.in);

        ninzu = 0;
        gokei = 0;
        nyuryoku = 0;
        while (true) {                 // 無限ループ
            System.out.print(ninzu + "人目のテストの点数>> ");
            nyuryoku = sc.nextInt();
            if (nyuryoku < 0) {         // 点数 0 未満で終了
                break;
            }
            else if (nyuryoku > 100) { // 100 点より大きかった場合
                System.out.println("点数は 100 点以下で入力してください");
                continue;               // while の最初に戻る
            }
            gokei = gokei + nyuryoku;
            ninzu++;
        }
        System.out.println(ninzu + "人のテストの合計 = " + gokei);
    }
}
```

実行結果

```
0 人目のテストの点数>> 100 [Enter]
1 人目のテストの点数>> 99  [Enter]
2 人目のテストの点数>> 101 [Enter]
点数は 100 点以下で入力してください
2 人目のテストの点数>> 80  [Enter]
3 人目のテストの点数>> -1  [Enter]
3 人のテストの合計 = 279
```

このプログラムでは ninzu-- は必要ありませんでした．なぜだか考えてみましょう．

7.4 for, while, do-while の比較

最後に for 文，while 文，do-while 文の比較を見てみましょう．あらかじめ繰り返す回数が決まっているときは for 文を，繰り返す回数が決まっていないときは while 文か do-while 文を使うと考えるのがよいでしょう．プログラムを作るときには，三つの繰り返し構文のうちどれが最適か考えて使ってください．

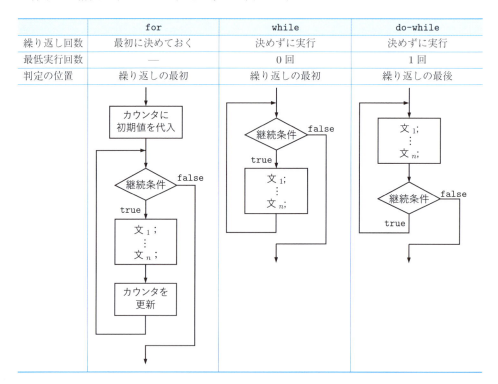

	for	while	do-while
繰り返し回数	最初に決めておく	決めずに実行	決めずに実行
最低実行回数	—	0 回	1 回
判定の位置	繰り返しの最初	繰り返しの最初	繰り返しの最後

Note while と do-while

while は，1 回も実行されずに終了する場合があります．一方，do-while は必ず 1 回は実行されます．この違いはあるものの，do-while を使って while を書くことも，while を使って do-while を書くこともできます．あるいは while を使って for のプログラムを書くこともできます．さらに break を使えば，for を使って while を作ることもできます．興味のある人は，練習のために，いままでに作ったプログラムを書き直してみましょう．

練習問題

以下の問題は，while を用いても do-while を用いてもよいです．

7.1 二つの 1 以上の整数 x, y を読み込んで，x % y を計算するプログラムを % や / を用いずに作成しなさい．

ヒント ▶ x が y より小さければ，x % y は x そのもののはずです．では x が y より大きかったらどうなるでしょうか．x % y は (x - y) % y と同じになるのではないでしょうか．つま

り，x が y より小さくなるまで，何度も x から y を引いてください．何度も引いて，x が y より小さくなったら，それが答です．▶ 例 7.1

7.2 1 以上の整数 x を読み込んで，x が何桁の数かを出力するプログラムを作成しなさい．
ヒント ▶ x を 10 で割ってみましょう．x が 10 未満なら 0 になります．10 以上なら 1 以上になります．ならば，答が 0 になるまで x を 10 で割ってみましょう．何回割れましたか？ ▶ 例 7.1

7.3 1 以上の整数 x を読み込んで，x の各桁の和を求めるプログラムを作成しなさい．たとえば 123 が入力されたら，$1+2+3$ で 6 と答えることになります．
ヒント ▶ 上の問題と同じようなプログラムになるでしょう．ただし単純に 10 で割るだけではなく，10 で割った余りも計算してみましょう．

7.4 1 以上の整数 x を読み込んで，$x \geqq 1+2+\cdots+n$ が成り立つ最大の n を出力するプログラムを作成しなさい．
ヒント ▶ 例 7.2 とほとんど同じになるはずです．プログラム中の不等号の向きも同じですよ．実際に x に 12 などを仮定して，手で計算してみましょう．

7.5 1 年複利定期預金とは，1 年すると利子が元金に組み込まれる定期預金です．たとえば利子 3% の 1 年複利定期預金に 10 万円預けると，1 年後には 10 万円が 1.03 倍になり，2 年後にはさらにその 1.03 倍になります．この利子 3% の 1 年複利定期預金に預けた 10 万円が，12 万円を越えるのは何年後でしょうか．プログラムを作って調べなさい．

7.6◆ 1 以上の整数 n を読み込み，n を素因数分解して出力するプログラムを作成しなさい．出力例は次のようにしてみましょう．

実行例
```
n を入力してください> 888888888 [Enter]
888888888 = 2 * 2 * 2 * 3 * 3 * 37 * 333667
```

ヒント ▶ i の初期値を 2 とし，n % i == 0 なら，i と "*" を出力するとともに，n = n / i; として，また n % i を繰り返します．余りが 0 でないなら，i を 1 増やしてからまた n % i してみます．i が n と同じ数字になるまでこれを繰り返し，最後に i を出力します．

7.7◆ 分数の分子 p と分母 q を読み込んで，p/q を約分してから表示するプログラムを作りなさい．たとえば分子が 36，分母が 48 ならば，36/48 = 3/4 などと表示できるとよいでしょう．もし約分することで分母が 1 になったら，分母を表示しないほうがよいでしょう．
ヒント ▶ 約分するためにはどうすればよいでしょうか．上の素因数分解と似た方法が使えるかもしれません．

08 | 配 列
たくさんのデータを扱う方法

　大量のデータを計算するという仕事は，コンピュータが一番得意とするところです．では，大量のデータをどのようにコンピュータに格納すればよいでしょうか．アルファベット名の変数を用意して a, b, c, d, ... とすれば，26 個のデータを扱うことができます．しかし，この 26 個のデータを，すべて 2 倍したいときにはどうすればよいでしょうか．たとえば，

```
a = a * 2;
b = b * 2;
c = c * 2;
︙（続く）
```

と 26 個書くのはあまりにも面倒です．そもそもデータが 100 個，1000 個，10000 個と増えたら手のつけようがありません．

　このようなたくさんのデータを，「i 番目の変数」と指定できるようにする方法が配列という仕組みです（図 8.1）．「i 番目の変数」として扱えれば，for 文と組み合わせてプログラムを簡単に書くことができます．配列は，たくさんのデータを一つの変数名で扱います．「i 番目」の i を識別するために，添字とよばれる数字を [i] という形で指定します．たとえば a という配列の 5 番目の要素を指定するには，a[5] のように書くのです．以下で詳しく見ていきましょう．

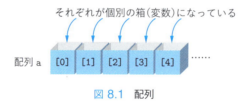

図 8.1　配列

8.1 | 配列の宣言方法

　配列という，データをまとめる「部品」を使うためには，次のように変数宣言をします．

Point 配列の宣言方法
　　　型名[] 変数名 = new 型名[大きさ];

　角カッコ [] を使うことに注目してください．= の左辺が変数の宣言であり，右辺は

配列を新しく作成しています．右辺で新しく作った配列を左辺に代入しているのです．具体的な宣言の例を見てみましょう．

```
int[] seisu = new int[5];
```

このように宣言すると，五つの整数を格納するための seisu という名前の配列を用意することになります．つまり，次のように並んだ五つの変数が用意されます．

| seisu[0] | seisu[1] | seisu[2] | seisu[3] | seisu[4] |

配列の最初の要素は 0 番目です．五つの変数は 0 番目から 4 番目ということになりますので注意してください．角カッコの中の数字は，配列の何番目かを表す添字という数字です．別の例を見てみましょう．

```
double[] jissu = new double[50];
```

今度は 50 個の実数を格納するための，大きさ 50 の配列が用意されます．

| jissu[0] | jissu[1] | jissu[2] | …… | jissu[48] | jissu[49] |

上記の例のように，配列を宣言をするときは，必ず数字（あるいは数字を表す式）を指定して，大きさを確定しておかなければいけません．また，配列の要素にアクセスするときは，seisu[3] のように数字を直接指定してもよいし，seisu[i] のように変数で指定してもかまいません．変数を用いて「i 番目の変数」と指定できるため，for 文の中で便利に使えるのです．

では早速，配列のプログラムの例を見てみましょう．

例 8.1　平均点との差

5 人のテストの点数を読み込み，各人の得点の平均点との差を表示するプログラムを作成しなさい．

```
1  import java.util.Scanner;
2  public class Reidai0801 {
3      public static void main(String[] args) {
4          final int NINZU = 5;
5          int[] tensu = new int[NINZU];      // 配列の宣言と作成
6          int sowa;
7          double heikin;
8          Scanner sc = new Scanner(System.in);
9  
10         sowa = 0;
11         for (int i = 0; i < NINZU; i++) {
12             System.out.print(i + "番目の生徒の点数>> ");
13             tensu[i] = sc.nextInt();       // 点数の入力
14             sowa = sowa + tensu[i];        // 合計の計算も同時に行う
15         }
16         heikin = (double) sowa / NINZU;                // 平均を計算
17         System.out.println("平均点は " + heikin + "点");
18         for (int i = 0; i < NINZU; i++) {              // 各人の点数表示
```

```
19                System.out.print(i + "番目の生徒 " + tensu[i] + "点 ");
20                System.out.println("平均との差 " + (tensu[i] - heikin));
21        }
22    }
23 }
```

実行結果

```
0 番目の生徒の点数>> 40 [Enter]
1 番目の生徒の点数>> 50 [Enter]
2 番目の生徒の点数>> 60 [Enter]
3 番目の生徒の点数>> 70 [Enter]
4 番目の生徒の点数>> 80 [Enter]
平均点は 60.0 点
0 番目の生徒 40 点 平均との差 -20.0
1 番目の生徒 50 点 平均との差 -10.0
2 番目の生徒 60 点 平均との差 0.0
3 番目の生徒 70 点 平均との差 10.0
4 番目の生徒 80 点 平均との差 20.0
```

■ 配列の初期化

配列を作成すると同時に，配列の中に初期値を設定しておく方法があります．これを配列の初期化とよびます．配列の初期化には，配列宣言をするときに，イコールとカッコ {} を書きます[†]．

Point 配列の初期化

```
型名[]   配列名 = {初期値，初期値，...  };
```

初期化の例を見てみましょう．次のようなプログラムを書きます．

```
int[] data = {1, 3, 5, 7, 9};
```

これは，次のように 6 行にわたるプログラムを 1 行にまとめたことになるのです．

```
int[] data = new int[5];
data[0] = 1;
data[1] = 3;
data[2] = 5;
data[3] = 7;
data[4] = 9;
```

■ 配列の大きさ

配列の作成と初期値の設定を同時に行った場合，配列の大きさは，初期値の個数で決まります．このような配列の大きさを調べるためには，配列名に `.length` をつけます．

Point 配列の大きさ

```
配列名.length
```

[†] 配列の初期化にはいくつかの方法がありますが，ここでは，最も基本的なものを勉強しましょう．

なお，int 型と double 型の配列の場合，配列を初期化せずに new だけすると，配列の中身はすべて 0 で初期化されます．

■ 配列の例プログラム

次のプログラムは，配列の作成と初期値の設定を同時に行い，その大きさを調べる例です．

例 8.2 配列要素の逆転

いくつかの要素が入っている整数の配列を，逆順にして別の配列にコピーするプログラムを作成しなさい．

```java
public class Reidai0802 {
    public static void main(String[] args) {
        int[] data = { 1, 3, 5, 7, 9 };
        int[] gyakuData = new int[data.length];       // length を使う

        for (int i = 0; i < data.length; i++) {       // length を使う
            gyakuData[i] = data[data.length - 1 - i]; // 逆転
        }
        for (int i = 0; i < gyakuData.length; i++) {  // 逆転したものを表示
            System.out.println(gyakuData[i]);
        }
    }
}
```

実行結果

```
9
7
5
3
1
```

次の例は，配列に格納された数値を，一つひとつ調べるプログラムです．

例 8.3 最大値の計算

配列に格納されている整数のうち，最大値を出力するプログラムを作成しなさい．

```java
public class Reidai0803 {
    public static void main(String[] args) {
        int[] data = { 1, 5, 9, 2, 4, 8, 3 };
        int saidai;

        saidai = data[0];              // 仮の最大値として 0 番目を設定
        for (int i = 1; i < data.length; i++) { // 1 番目から調べる
            if (data[i] > saidai) { // 大きな数値が発見されたら，
                saidai = data[i];   // それを記憶しておく
            }
        }
        System.out.println("最大値: " + saidai);
    }
}
```

実行結果

最大値：9

上記の例であげた操作のほかに、複数のデータを、望んだ順番に並べたいということはよくあります。このとき、配列に格納されたデータの並べ替えにはいろいろな方法があります。次の例ではその一つを示します。

例 8.4　降順に並べ替え

5個の整数を読み込んで、大きい順に並べ替えて出力するプログラムを作成しなさい。

考え方▶ 大きい順のことを降順、小さい順のことを昇順とよび、降順や昇順にデータを並べ替えることをソートとよびます。ソートにはいろいろな方法がありますが、ここでは基本的方法の一つを見てみましょう。

```java
import java.util.Scanner;
public class Reidai0804 {
    public static void main(String[] args) {
        final int KOSU = 5;

        int[] data = new int[KOSU];
        int hozon, tsuginoSaidai;
        Scanner sc = new Scanner(System.in);

        for (int i = 0; i < KOSU; i++) {          // データの入力
            System.out.print(i + "番目のデータ>> ");
            data[i] = sc.nextInt();
        }
        for (int i = 0; i < KOSU - 1; i++) {      // 二重ループで並べ替えをする
            tsuginoSaidai = i;
            for (int j = i + 1; j < KOSU; j++) { // i 以降の最大値を探す
                if (data[j] > data[tsuginoSaidai]) {
                    tsuginoSaidai = j;
                }
            }
            hozon = data[i];                      // i 番目のデータと
            data[i] = data[tsuginoSaidai];        // i+1 番目以降の最大のデータを
            data[tsuginoSaidai] = hozon;          // 交換
        }
        for (int i = 0; i < KOSU; i++) {
            System.out.println(data[i]);
        }
    }
}
```

実行結果

```
0番目のデータ>> 3 [Enter]
1番目のデータ>> 5 [Enter]
2番目のデータ>> 7 [Enter]
3番目のデータ>> 2 [Enter]
4番目のデータ>> 4 [Enter]
7
5
4
3
2
```

8.1 配列の宣言方法

配列は，配列の中に記憶されたデータを扱うだけでなく，記録や集計にも用いることができます．次の例は，配列を使って実験結果の集計を行うプログラムです．

例 8.5　出現頻度

さいころを 1000 回投げたとき，1 から 6 までの目が何回出たかを記録して出力するプログラムを作成しなさい．ただしさいころを投げる部分は，乱数により 1 から 6 までの数値を自動生成するものとします．

考え方▶ この問題では，1 から 6 までの頻度を記録するだけでよく，1000 回分の出た目をすべて配列に記録する必要はありません．ですから，大きさ 6 の配列を作ればよいのです．ただし，プログラムが読みやすいように配列の 0 番目を使わず，1 から 6 番目を使うことにして，大きさ 7 の配列を準備します．

```java
public class Reidai0805 {
    public static void main(String[] args) {
        final int N = 1000;
        int me;
        int[] hindo = new int[7];
        for (int i = 0; i < N; i++) {
            me = (int) (1 + 6 * Math.random());
            hindo[me]++;                  // 出た目の部分を ++ する
        }

        for (int i = 1; i <= 6; i++) {    // 1 から 6 まで
            System.out.println(i + " は " + hindo[i] + "回");
        }
    }
}
```

実行結果

```
1 は 155 回
2 は 152 回
3 は 185 回
4 は 166 回
5 は 172 回
6 は 170 回
```

乱数を使っているので，結果は実行する度に変わります．

配列の中にデータを記録するのではなく，配列の中に固定された数値を書いておいて，これを使っていろいろな計算をすることもできます．

例 8.6　月の計算

月と日を入力すると，その日は 1 月 1 日から数えて何日目かを出力するプログラムを作成しなさい．なお，1 月 1 日は 1 月 1 日から 0 日目と数えます．ただし，うるう年ではないものとして計算してください．

考え方▶ 計算方法はいろいろありますが，ある月が何日あるかをどこかに記憶させておかないと計算ができません．これを配列に記憶させておきましょう．

```java
import java.util.Scanner;
```

```java
 2  public class Reidai0806 {
 3      public static void main(String[] args) {
 4          // 1 箇月が何日かを配列に記憶しておく
 5          int[] tsuki = {-1, 31, 28, 31, 30, 31, 30, 31, 31, 30, 31, 30, 31 };
 6          int m, d, t;
 7          Scanner sc = new Scanner(System.in);
 8
 9          System.out.print("月を入力してください>> ");
10          m = sc.nextInt();
11          System.out.print("日を入力してください>> ");
12          d = sc.nextInt();
13          t = 0;
14
15          for (int i = 0; i < m; i++) { // その月までの日数を合計する
16              t = t + tsuki[i];
17          }
18          t = t + d; // 月の分の計算が終わったので，日を加算
19          System.out.println(m + "月" + d + "日は 1 月 1 日から" + t + "日目です");
20      }
21  }
```

実行結果

月を入力してください>> 5 [Enter]
日を入力してください>> 20 [Enter]
5 月 20 日は 1 月 1 日から 139 日目です

　配列の何番目に何を記録しておいて，それをどのように使うかは，いろいろバリエーションがありますので，工夫をしてみましょう．たとえば，3 月 31 日は何日目か，4 月 30 日は何日目かなどを配列に記録しておけば，計算に for 文を使わずに済みますね．

　ここまでは配列に数値を格納していましたが，次の例のように文字列を格納しておくことで，さらに応用的な使い方ができます．

例 8.7　文字列の配列

　月の数字を入力すると，英語の月の名前を出力するプログラムを作成しなさい．

```java
 1  import java.util.Scanner;
 2  public class Reidai0807 {
 3      public static void main(String[] args) {
 4          int m;
 5          String[] mon = { "/", "January", "February", "March",
 6                  "April", "May", "June",
 7                  "July", "August", "September",
 8                  "October", "November", "December" };
 9          Scanner sc = new Scanner(System.in);
10
11          System.out.print("月の数字を入力してください>> ");
12          m = sc.nextInt();
13          System.out.println(m + "月は " + mon[m]);
14      }
15  }
```

実行結果

月の数字を入力してください>> 3 [Enter]
3 月は March

8.2 配列の代入

ここまでは，配列の一つひとつの要素を扱っていました．今度は配列をまるごと代入してみましょう．何が起こるでしょうか．まず配列を二つ用意して，一方に値を設定します．そして，以下のように，その配列をもう一方の配列に代入します．

```
int[] x = new int[3];
int[] y = new int[3];
x[0] = 1;
x[1] = 2;
x[2] = 3;
y = x;
```

ここで，y[1] の値を出力してみましょう．

```
System.out.println(y[1]); // 2 が表示される
```

2 が表示されましたね．x が y に正しく代入されたのでしょうか．ではここで，y[1] に適当な数を代入してから，x[1] を表示してみます．

```
y[1] = 12345;
System.out.println(x[1]); // 12345 が表示される
```

どうですか？　数字を代入したのは y[1] のはずなのに，x[1] が書き変わっています．何が起こったのでしょうか．

実は，配列は普通の変数とは違うのです．整数や実数などでは，変数自体が値をもつ実体になっていました．一方，配列は，変数と配列の実体が分離しているのです．変数には，配列の実体のありかを指し示す矢印が入っています．この矢印のことを，Java では参照とよびます（図 8.2）．

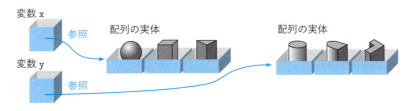

図 8.2　配列の参照

そして，上記の例の y = x; を実行すると，y には x に入っていた参照が代入されます．その結果，x と y は同じ実体を指し示すことになるのです．そのため y[1] を変更すると，x[1] も書き変わってしまうのです．実体は一つだけなのですから（図 8.3）．

このように，変数にデータの実体を指す参照が入っているものを，参照型データとよびます．文字列も参照型です．一方，整数や実数などは値型データとよびます．

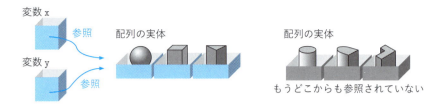

図 8.3　配列の代入は参照の代入

> **Point**　データの種類
>
> 　値型データ　　　整数，実数，文字
> 　参照型データ　　文字列，配列，オブジェクト（第 14 章参照）

8.3　配列のコピー

配列の代入では参照が代入されるだけでした．配列の中身を移すためにはどうすればよいのでしょうか．基本は一つひとつコピーすることです（図 8.4）．

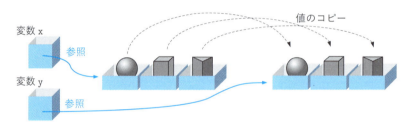

図 8.4　配列のコピー

```
int[] x = {1,2,3};              // 配列 x
int[] y = new int[3];           // 配列 y
for (int i = 0; i < 3; i++) {   // 一つひとつコピー
    y[i] = x[i];
}
y[1] = 12345;                   // y[1] を変更
System.out.println(x[1]);       // x[1] を確認
```

こうすると，y[1] を変更しても，x[1] は変更されません[†]．

8.4　配列と拡張 for 文◆

for 文を使って配列の要素を一つずつ操作するのは，もう定番の処理といってもよいですね．配列の要素数 n さえわかっていれば，その中身を 1 行に一つずつ表示するためには，

[†] さて，配列を一つひとつコピーするのはやっぱり面倒です．面倒といえば…そう，面倒と思える処理を解決する手段が，Java には必ず用意されています．y = x.clone(); とすれば，x の実体のコピーが作られて，その参照が y に代入されます．

```
for (int i = 0; i < n; i++) {
    System.out.println(data[i]);
}
```

と書けます．ところで，配列の大きさは，配列名に.lengthをつけると調べることができました（60ページ参照）．すると，上のプログラムは，次のように書き換えることができます．

```
for (int i = 0; i < data.length; i++) {
    System.out.println(data[i]);
}
```

Javaには，このような便利な機能がいろいろ用意されています．そして，配列の要素一つひとつを処理するために，さらに便利な構文が用意されています．それが拡張for文とよばれるものです†．拡張for文は，次のような形をしています．

> **Point** 拡張for文
> ```
> for(型 変数名 : 配列名){
>     文;
> }
> ```

具体例で見てみましょう．上に書いた配列の要素を出力するプログラムは，拡張for文を使うことで，次のように書くことができます．

```
for (int x : data) {
    System.out.println(x);
}
```

int xは，ここで使う新しい変数です．この場合，配列dataの要素が一つずつ順番に変数xにセットされて，System.out.println(x);が実行されるのです．

練習問題

8.1 5個の整数を配列に読み込んで，それぞれの数値が，5個の整数の平均より大きいか小さいかを出力するプログラムを作成しなさい．▶例8.1

8.2 大きさ10の整数の配列を作成し，for文を使ってその配列の最初に10を，次に9を…というように，最後の1まで設定しなさい．その後，それらの値の平均をfor文を使って計算し，平均が5.5になったことを確認しなさい．このプログラムはどのような方法で作ってもかまいません．

8.3 5個の整数を読み込んで，小さい順（昇順）に並べ替えて出力するプログラムを作成しなさい．▶例8.4

---
† 拡張for文は，配列以外のデータ型にも使うことができます．

8.4 5個の整数を配列に読み込んで，そのうちの中央値を出力するプログラムを作成しなさい．ここでいう中央値とは，昇順（または降順）に並べたときに，中央に位置する値です．5個の整数に同じ値はないものとします． ▶例 8.4

8.5 例 8.5 について，三つのさいころを同時に振り，出た目の合計がそれぞれ何回出たかを記録して出力するようにプログラムを変更しなさい．
ヒント ▶ さいころ一つの場合は最小が 1 で最大が 6 でしたが，さいころ三つの合計なので，最小は 3，最大は 18 になります．

8.6 例 8.5 について，二つのさいころを同時に振り，出た目の小さいほうだけを記録するようにプログラムを変更しなさい．二つのさいころの出た目の小さいほうは，Math.min() というメソッドを使って，次のように計算できます．

```
int saikoro1 = (int) (1 + 6 * Math.random());
int saikoro2 = (int) (1 + 6 * Math.random());
me = Math.min(saikoro1, saikoro2);
```

◆ 二つの場合だけではなく，三つ，四つの場合なども試してみなさい．さらにさいころの数を 10 や 20 まで増やした場合，どのようになるか試しなさい．

8.7 例 8.6 について，入力された日付から 12 月 31 日までの日数を計算して出力するように変更しなさい．

8.8 例 8.6 について，1 月 1 日からの日数を入力すると，それが何月何日かを出力するように変更しなさい．

8.9◆ あなたが生まれてから，今日で何日目かを計算するプログラムを作成しなさい．
ヒント ▶ 計算のためには，たとえば 1990 年 1 月 1 日を 1 日目と数えてあなたが生まれた日は何日目か，今日は何日目かをそれぞれ計算し，引き算することで答を出すようにしなさい．

09 | 多次元配列
さらにたくさんのデータを扱う方法

配列は便利でしたが，もっとたくさんの数値を表のように管理したい場合もありますね．

たとえば，クラスの成績表を作りたい場合を考えてみましょう．40人分の4科目のテストの点数は，40×4個の数値を表の形にしておきたいものです．これは，変数を1次元的に並べた配列で管理するよりも，2次元的な表が適しています．このようなときのために，2次元的，3次元的に使える配列を作りましょう．2次元配列，3次元配列，あるいは多次元配列とよばれるものです．

ここでは，これら多次元配列の基本である2次元配列を勉強しましょう．

9.1 | 2次元配列の宣言方法

Javaの2次元配列は，実は配列の配列として作ります．図9.1を見てください．これはintの2次元配列の形です．何やら難しそうな形をしていますね．しかし，使うのは難しくありません．

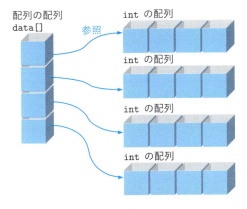

図9.1 配列の配列

2次元の配列を宣言するためには，次のように書きます．

> **Point** 2次元配列の宣言
>
> 型名[][] 変数名 = new 型名[大きさ][大きさ];

ようするに，添字の範囲を二つ指定するだけです．例を見てみましょう．

```
int[][] seisu = new int[3][5];
```

とすることで，次のように並んだ 15 個の変数が用意されると考えてよいでしょう．

seisu[0][0]	seisu[0][1]	seisu[0][2]	seisu[0][3]	seisu[0][4]
seisu[1][0]	seisu[1][1]	seisu[1][2]	seisu[1][3]	seisu[1][4]
seisu[2][0]	seisu[2][1]	seisu[2][2]	seisu[2][3]	seisu[2][4]

2次元配列のある要素を指定するには，配列のときと同じように seisu[1][3] などと書きます．

2次元配列の宣言と同時に初期化を行うには，次のように書きます．

```
int[][] seisu = {{1, 2, 3}, {4, 5, 6}, {7, 8, 9}};
```

Note　配列の縦と横

ところでコンピュータの配列は，添字の一つ目が行，二つ目が列と決まっているわけではありません．上の図はあくまでもわかりやすく書くためにこのように書いただけです．つまり添字の一つ目が列，二つ目が行と解釈してもまったくかまいません．ただし特殊な用途のプログラムではこれを区別することもあります．

■ 多次元配列のプログラム例

次のプログラムは2次元配列を使った例ですが，扱うデータが大きいため，プログラムも少しだけ大きめです．

例 9.1　生徒別の総得点と各科目の平均点

5人の生徒の数学，英語，国語の点数を入力し，生徒別の総得点と各科目の平均点を出力するプログラムを作成しなさい．

```
 1  import java.util.Scanner;
 2  public class Reidai0901 {
 3      public static void main(String[] args) {
 4          final int KAMOKU = 3;
 5          final int NINZU = 5;
 6
 7          int[][] data = new int[NINZU][KAMOKU];
 8          double sowa, heikin;
 9          String[] kamokumei = { "数学", "英語", "国語" };
10          Scanner sc = new Scanner(System.in);
11
12          for (int i = 0; i < NINZU; i++) { // 点数の入力
13              System.out.println(i + "人目のデータ");
14              for (int j = 0; j < KAMOKU; j++) {
15                  System.out.print(kamokumei[j] + ">> ");
16                  data[i][j] = sc.nextInt();
17              }
18          }
19          for (int i = 0; i < NINZU; i++) { // 生徒別総得点の計算と結果の出力
20              sowa = 0;
21              for (int j = 0; j < KAMOKU; j++) {
22                  sowa = sowa + data[i][j];
23              }
24              System.out.println(i + "人目の総得点: " + sowa);
```

```
25          }
26          for (int j = 0; j < KAMOKU; j++) { // 科目別平均点の計算と結果の出力
27
28              sowa = 0;
29              for (int i = 0; i < NINZU; i++) {
30                  sowa = sowa + data[i][j];
31              }
32              heikin = sowa / NINZU;
33              System.out.println(kamokumei[j] + "の平均: " + heikin);
34          }
35
36      }
37  }
```

実行結果

```
0 人目のデータ
数学>> 60  [Enter]
英語>> 70  [Enter]
国語>> 80  [Enter]
1 人目のデータ
数学>> 100 [Enter]
英語>> 100 [Enter]
国語>> 100 [Enter]
2 人目のデータ
数学>> 60  [Enter]
英語>> 70  [Enter]
国語>> 60  [Enter]
3 人目のデータ
数学>> 90  [Enter]
英語>> 100 [Enter]
国語>> 90  [Enter]
4 人目のデータ
数学>> 60  [Enter]
英語>> 60  [Enter]
国語>> 80  [Enter]
0 人目の総得点: 210.0
1 人目の総得点: 300.0
2 人目の総得点: 190.0
3 人目の総得点: 280.0
4 人目の総得点: 200.0
数学の平均: 74.0
英語の平均: 80.0
国語の平均: 82.0
```

次に,複数の 2 次元配列を使って,表と表の計算をする例を見てみましょう.これは,数学の行列計算に相当します.

例 9.2　行列の和

3×3 の整数の表を,以下のように足し合わせるプログラムを作成しなさい.

$$\begin{pmatrix} a_{00} & a_{01} & a_{02} \\ a_{10} & a_{11} & a_{12} \\ a_{20} & a_{21} & a_{22} \end{pmatrix} + \begin{pmatrix} b_{00} & b_{01} & b_{02} \\ b_{10} & b_{11} & b_{12} \\ b_{20} & b_{21} & b_{22} \end{pmatrix} = \begin{pmatrix} a_{00}+b_{00} & a_{01}+b_{01} & a_{02}+b_{02} \\ a_{10}+b_{10} & a_{11}+b_{11} & a_{12}+b_{12} \\ a_{20}+b_{20} & a_{21}+b_{21} & a_{22}+b_{22} \end{pmatrix}$$

これは,3 行 3 列の行列の和の計算を意味しています.配列の添字に合わせて,左上の要素を 0 行 0 列と表示しています.

第 9 章　多次元配列

```java
1  import java.util.Scanner;
2  public class Reidai0902 {
3      public static void main(String[] args) {
4          final int N = 3;
5  
6          int[][] a = new int[N][N];
7          int[][] b = new int[N][N];
8          int[][] wa = new int[N][N];
9          Scanner sc = new Scanner(System.in);
10 
11         System.out.println("表 a を読み込みます:");  // a の読み込み
12         for (int i = 0; i < N; i++) {
13             for (int j = 0; j < N; j++) {
14                 System.out.print("a[" + i + "," + j + "]>> ");
15                 a[i][j] = sc.nextInt();
16             }
17         }
18         System.out.println("表 b を読み込みます:");  // b の読み込み
19         for (int i = 0; i < N; i++) {
20             for (int j = 0; j < N; j++) {
21                 System.out.print("b[" + i + "," + j + "]>> ");
22                 b[i][j] = sc.nextInt();
23             }
24         }
25         for (int i = 0; i < N; i++) {            // 計算
26             for (int j = 0; j < N; j++) {
27                 wa[i][j] = a[i][j] + b[i][j];
28             }
29         }
30         System.out.println("足し合わせた表は");     // 結果の出力
31         for (int i = 0; i < N; i++) {
32             for (int j = 0; j < N; j++) {
33                 System.out.print("\t" + wa[i][j]);
34             }
35             System.out.println();
36         }
37     }
38 }
```

実行結果

```
表 a を読み込みます:
a[0,0]>> 1 Enter
a[0,1]>> 2 Enter
a[0,2]>> 3 Enter
a[1,0]>> 3 Enter
a[1,1]>> 2 Enter
a[1,2]>> 1 Enter
a[2,0]>> 1 Enter
a[2,1]>> 2 Enter
a[2,2]>> 3 Enter
表 b を読み込みます:
b[0,0]>> 2 Enter
b[0,1]>> 2 Enter
b[0,2]>> 2 Enter
b[1,0]>> 4 Enter
b[1,1]>> 4 Enter
b[1,2]>> 4 Enter
b[2,0]>> 6 Enter
b[2,1]>> 6 Enter
b[2,2]>> 6 Enter
足し合わせた表は
        3       4       5
        7       6       5
        7       8       9
```

9.2 でこぼこな配列◆

Javaの多次元配列は，配列の配列でした．これは，配列の大きさがそろっていなくてもよいのです．図9.2を見てください．2次元配列で，行ごとに配列の大きさが違う配列といえばよいでしょうか．Javaにはいろいろなデータを表現するための，柔軟な方法が用意されているということです．

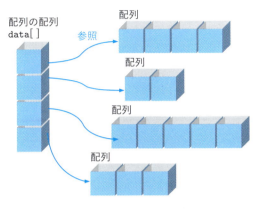

図9.2 でこぼこな配列

作成方法は簡単です．まず，次のような配列宣言を行います．

```
final int N = 4;
int[][] data = new int[N][]; // 配列の大きさの一方は指定しない
```

普通の2次元配列と違い，宣言の時点では，配列の大きさの一方のみを指定します．この後，個々の行を表現する配列を個別に作ればよいのです．

```
data[0] = new int[4];
data[1] = new int[2];
data[2] = new int[5];
data[3] = new int[3];
```

練習問題

9.1 3人の児童の国語，算数，理科，社会の点数を入力し，各教科の平均点と，児童別の平均点をそれぞれ出力するプログラムを作成しなさい． ▶例9.1

9.2◆ 練習問題9.1の結果が，なるべく見やすい表の形になるように工夫しなさい．

出力例

```
児童|   国語    算数    理科    社会  |  平均
----+--------------------------------+-------
 A  |    51      82      21     ?    | 55.21
 B  |    56      21      ??     ?    | 70.30
 C  |    ??      ??       ?     ?    | 90.45
----+--------------------------------+-------
平均|  60.01   50.12   29.20    ?    |  ??
```

9.3 九つの整数 $a_{00}, a_{01}, a_{02}, a_{10}, a_{11}, a_{12}, a_{20}, a_{21}, a_{22}$ が入力されたとき，これらを次のように表示し，

$$a_{00} \quad a_{01} \quad a_{02}$$
$$a_{10} \quad a_{11} \quad a_{12}$$
$$a_{20} \quad a_{21} \quad a_{22}$$

さらに，これらの数字から

$$a_{00}a_{11}a_{22} + a_{01}a_{12}a_{20} + a_{02}a_{10}a_{21} - a_{02}a_{11}a_{20} - a_{01}a_{10}a_{22} - a_{00}a_{12}a_{21}$$

の値を計算するプログラムを作成しなさい[†]．▶ 例 9.2

9.4 練習問題 9.3 の $a_{00}a_{11}a_{22} + a_{01}a_{12}a_{20} + a_{02}a_{10}a_{21} - a_{02}a_{11}a_{20} - a_{01}a_{10}a_{22} - a_{00}a_{12}a_{21}$ が 1 だったら「当たり」，1 以外だったら「はずれ」と表示するようにしなさい．そして，「当たり」が出るまでいろいろな数字の組み合わせを試しなさい．あるいは乱数で九つの数字を自動的に決める処理を実行し，「当たり」が出るまでこの処理を繰り返し実行させなさい．

[†] これは，3 行 3 列の行列の行列式とよばれる数値の計算です．

10 | 文字と文字列
文章を扱う

　これまでの多くのプログラムは，整数型 (int) や実数型 (double) などの数値を，数式で計算したり比較したりすることで，データとして扱ってきました．ここでは，文字列 (String) や文字 (char) をデータとして扱うための方法を学びましょう．

10.1　文字列の基本操作

　文字列は文字が連続したものであり，参照型のデータです．以下では文字列の操作を説明します．文字列は，先頭を 0 文字目，次の文字を 1 文字目と数えます．

■ 文字列の比較

　二つの文字列 str_1 と str_2 が同じ（表示される内容が同じ）かどうか調べるには，str_1 の後ろに .equals(str_2) をつけて調べます[†].

> **Point**　文字列 str_1, str_2 の比較
> str_1.equals(str_2)

▼ 例

```
String str1 = "uni";
String str2 = "ebi";
if (str1.equals(str2)) {
    System.out.println("同じです");
}
else {
    System.out.println("違います");
}
```

■ 文字列の長さ

　文字列の長さを調べるためには，配列のときと同様，文字列に .length() をつけて調べます．文字列の長さとは，文字列に含まれている文字の数です．

> **Point**　文字列 str の長さ
> str.length()

[†] 参照を比較するだけならば == を使うこともありますが，文字列の比較は equals が基本だと覚えておきましょう．

第10章 文字と文字列

▼ 例

```
int len;            // 整数型変数を用意しておく
String str = "test";
len = str.length(); // len は 4 になる
```

■ 文字の取り出し

文字列は，文字を並べたものとして扱うことができますので，文字列の中の文字を取り出すことができます．文字列から文字型データを一つずつ取り出すには，取り出したい文字列の後ろに，.charAt() というメソッドをつけます．

> **Point** 文字列 str の中から文字を取り出す
>
> $str.\text{charAt}(k)$

$\text{charAt}(k)$ は，先頭を 0 番目として，k 番目の文字を文字型データとして取り出すメソッドです．k には，文字の位置を指定する数字，または式を書かなければいけません．0 番目から数えるので，k に指定できるのは，文字列の長さより 1 小さい数までです．それを超えるとエラーが起こってしまいます．宣言したときに長さが定まる配列とは違い，文字列の長さは入力や代入のときに定まることに注意しましょう．

では，文字列の長さを調べ，1 文字ずつ取り出す例プログラムを見てみましょう．

例 10.1 文字列から文字を取り出す

入力された文字列を，1 文字ずつ改行して出力するプログラムを作成しなさい．

```
1  import java.util.Scanner;
2  public class Reidai1001 {
3      public static void main(String[] args) {
4  
5          String mojiretsu;
6          int nagasa;
7          Scanner sc = new Scanner(System.in);
8  
9          System.out.print("文字列を入力してください>> ");
10         mojiretsu = sc.next();          // 文字列入力
11         nagasa = mojiretsu.length();    // 文字列の長さを調べる
12         for (int i = 0; i < nagasa; i++) {
13             // 1 文字ずつ改行しながら表示
14             System.out.println(mojiretsu.charAt(i));
15         }
16     }
17 }
```

実行結果

```
文字列を入力してください>> odango [Enter]
o
d
a
n
g
o
```

Scannerでnext()を使って読み込めるのは文字列で，文字型データをScannerで読み込む方法は用意されていません．next()で1文字読み込んでも，それは長さが1の文字列型のデータとして扱われます．プログラムの実行中に，キーボードから入力して文字型データを扱いたい場合は，少し工夫が必要です．簡単な解決方法は，文字列として読み込んでしまって，その最初の文字を取り出す方法です．次の例で使い方を見てみましょう．

例 10.2　文字列中の文字の検索

読み込んだ文字列に，指定された文字が含まれるかどうかを，charAt()を用いて判定するプログラムを作成しなさい．判定する文字列と指定する文字は，どちらもプログラム実行中にキーボードで指定できるようにしなさい．

```java
import java.util.Scanner;
public class Reidai1002 {
    public static void main(String[] args) {
        String mojiretsu, tmp;
        char moji;
        int nagasa, kosu;
        Scanner sc = new Scanner(System.in);

        System.out.print("文字列>> ");
        mojiretsu = sc.next();              // 文字列の入力
        System.out.print("探したい文字>> ");
        tmp = sc.next();                    // 検索したい文字の入力
        moji = tmp.charAt(0);               // 文字列 tmp の最初の文字
        nagasa = mojiretsu.length();        // 入力された文字列の長さ
        kosu = 0;
        for (int i = 0; i < nagasa; i++) { // 検索したい文字の出現回数を数える
            if (mojiretsu.charAt(i) == moji) {
                kosu++;
            }
        }
        if (kosu == 0) {
            System.out.println(mojiretsu+"に"+moji+"は含まれません");
        }
        else {
            System.out.println(mojiretsu+"に"+moji+"が"+kosu+"個含まれます");
        }
    }
}
```

実行結果 1

```
文字列>> Hello [Enter]
探したい文字>> l [Enter]
Hello に l が 2 個含まれます
```

実行結果 2

```
文字列>> Hello [Enter]
探したい文字>> k [Enter]
Hello に k は含まれません
```

次は，文字列から文字を取り出したり，文字列に文字を追加する例です．この追加は，2.5 節で学んだ文字の連結ですね．

例 10.3　文字列の逆転

入力された文字列を逆転させて，新しい文字列を作るプログラムを作成しなさい．

考え方▶ 入力された文字列の先頭から文字を 1 文字ずつ文字型データとして取り出し，新しい文字列の前方向にこれを追加していけば，文字列を逆転させることができます．

```
1  import java.util.Scanner;
2  public class Reidai1003 {
3      public static void main(String[] args) {
4          String mojiretsu1, mojiretsu2;
5          int nagasa;
6          Scanner sc = new Scanner(System.in);
7  
8          System.out.print("原文を入力してください>> ");
9          mojiretsu1 = sc.next();
10         nagasa = mojiretsu1.length();
11         mojiretsu2 = "";            // mojiretsu2 を空にしておく
12         for (int i = 0; i < nagasa; i++) {
13             // mojiretsu1 の i 番目の文字を mojiretsu2 の先頭に追加
14             mojiretsu2 = mojiretsu1.charAt(i) + mojiretsu2;
15         }
16         System.out.println(mojiretsu2);
17     }
18 }
```

実行結果

```
原文を入力してください>> string Enter
gnirts
```

10.2　文字の比較

文字型変数どうしは，== を使って同一かどうか判定できます．変数 c に代入されている文字を調べるためには，次のように書くことができます．

```
if (c == 'A') { ...
```

文字型変数どうしは，大小関係を比較することもできます．このとき，アルファベット小文字は 'a' ～ 'z' の順に，アルファベット大文字は 'A' ～ 'Z' の順に，数字は '0' ～ '9' の順に並んでいるものとして，先のほうが小さく，後のほうが大きいものとして大小比較されます．よって，ある文字型変数 c に入っている文字が，アルファベットの大文字かどうかを判定するためには，次のようなプログラムを書けばよいことになります．

```
if((c >= 'A') && (c <= 'Z')){ ...
```

それでは，文字型変数を比較するプログラムの例を見てみましょう．

例 10.4 文字の比較

入力された文字がアルファベットの小文字かどうかを判定するプログラムを作成しなさい．

```java
import java.util.Scanner;
public class Reidai1004 {
    public static void main(String[] args) {
        char c;
        String str;
        Scanner sc = new Scanner(System.in);
        System.out.print("文字を入力してください>> ");
        str = sc.next();
        c = str.charAt(0);
        if ((c >= 'a') && (c <= 'z')) {
            System.out.println(c + "は小文字です");
        }
        else {
            System.out.println(c + "は小文字ではありません");
        }
    }
}
```

実行結果

```
文字を入力してください>> f  [Enter]
f は小文字です
```

Note 文字の内部表現

コンピュータは数字しか扱うことができません．では，文字や文字列は数字なのでしょうか？ そうです．実は，文字はコンピュータの内部では値型データの数字，文字列は参照型データの数字の列として扱われています．ではそれはどのような数字でしょうか．char 型変数を int 型変数に代入すると，その数字を見ることができます．

```java
int x;
char a = 'A';
x = a;
System.out.println(x);   // 65 が表示される．'A' は 65
```

文字列の比較は，実はこの内部表現の数字を比較していたことになるのです．

10.3 文字と文字列を扱う上での注意

文字の 'a' と変数の a は違うので注意しましょう．どこにシングルクォートがついているか気をつければ大丈夫です．文字の扱いの練習のため，次のプログラムの意味を考えてみましょう．まず，二つの変数 a, b を用意しておきます．

```java
char  a, b;
```

このとき，次のプログラムはどのような結果になるでしょうか．

```
a = 'c';          // 変数 a に文字 'c' を代入する
b = a;            // 変数 b に変数 a の内容である 'c' を代入する
System.out.println("" + 'b' + b); // 文字 'b' と変数 b の内容を出力する
```

わかりましたか？

さらに数字 1 と文字 '1' が違うことにも注意しましょう．1 は数字 (int) であり，'1' は文字 (char) 型です．そして "10" は文字でも数字でもなく，文字列です．

次のプログラムはどのような結果になるでしょうか．

```
public class Reidai {
    public static void main(String[] args) {
        char x = '3';
        char y = '4';
        System.out.println(x);          // 3 が表示される
        System.out.println(y);          // 4 が表示される
        System.out.println("" + x + y); // 34 が表示される
        System.out.println(x + y);      // 103 が表示される
    }
}
```

上のプログラムを実行すると，何が起こるのでしょうか．文字列に文字を足し算すると，文字列になります．だから "" + x + y は文字列です．一方，文字はコンピュータの中では数字として扱われています．そのため，文字と文字の足し算は，勝手に整数型のように扱われて，数字と数字の足し算になってしまうのです．コンピュータの中では '3' は 51 という数字で扱われていて，'4' は 52 です．この二つの数字を足し算したので，103 が表示されてしまいました．

10.4 高度な文字列操作

少し難しい文字列操作の方法も勉強してみましょう．以下の説明の中で，str1 と str2 は文字列の変数とします．

■ 部分文字列の取得

文字列から一部分だけ取り出すためには，substring() を使います．カッコの中には，取り出したい文字列の先頭の位置から，最後尾の次の位置までを整数で指定します．

```
str1 = "abc1234def";
str2 = str1.substring(3,5); // 3 番目から 5-1 番目まで，つまり"12"
```

■ 文字列の検索

文字列の中に，探したい文字列が含まれているかどうか調べるためには indexOf() を使います．indexOf() は見つかった位置を返します．探しても含まれていなかった場合は，-1 を返します．

10.4 高度な文字列操作

```
str1 = "abc1234def";
idx  = str1.indexOf("12");   // idx は 3 になります
idx  = str1.indexOf("91");   // idx は-1 になります
```

■ 文字列の置換・削除

文字列に別の一部を置き換えたり，一部を削除するには，replace() を使って次のようなプログラムを書きます．

```
str1 = "abcdef";
str2 = str1.replace("de", "pq"); // de を pq に置き換える
System.out.println(str2);        // abcpqf が出力される
str2 = str1.replace("de", "");   // de を消す
System.out.println(str2);        // abcf が出力される
```

■ 大文字変換／小文字変換

アルファベット文字列を大文字に変換したり小文字に変換することができます．

```
str1 = "ABCdef";
str2 = str1.toUpperCase();   // str2 は ABCDEF
str3 = str1.toLowerCase();   // str3 は abcdef
```

このほかにも，たくさんの便利な処理方法が用意されています．付録 B（144 ページ）も参照してください．

最後に，文字がコンピュータの中では数字として扱われていることを利用したプログラムの例を見てみましょう．

例 10.5　アルファベットの何番目か

英文字だけからなる文字列を入力し，そこに含まれるアルファベットが，'a' から数えて何番目なのかを出力するプログラムを作成しなさい．ただし，文字列はすべて小文字に変換して扱うものとします．

```
 1  import java.util.Scanner;
 2  public class Reidai1005 {
 3      public static void main(String[] args) {
 4          String str1, str2;
 5          int nagasa, idx;
 6          char c;
 7          Scanner sc = new Scanner(System.in);
 8
 9          System.out.print("文字列を入力してください>> ");
10          str1 = sc.next();
11          nagasa = str1.length();
12          str2 = str1.toLowerCase();        // 小文字に変換するメソッド
13          for (int i = 0; i < nagasa; i++) {
14              c = str2.charAt(i);           // 文字列の i 番目の文字を取り出す
15              idx = c - 'a';                // 'a' から何番目か？
16              System.out.println(c + "は a から " + idx + "番目");
17          }
18      }
19  }
```

```
実行結果
文字列を入力してください>> takoyaki [Enter]
t は a から 19 番目
a は a から 0 番目
k は a から 10 番目
o は a から 14 番目
y は a から 24 番目
a は a から 0 番目
k は a から 10 番目
i は a から 8 番目
```

練習問題

10.1 英数字からなる文字列を読み込んで，文字列の最後の文字を出力するプログラムを作成しなさい． ▶例 10.1

10.2 英数字からなる文字列と整数 n を読み込んで，文字列の n 番目の文字を出力するプログラムを作成しなさい．ただし，n は 0 以上，文字列の長さ未満とします． ▶例 10.1

10.3 文字列と整数 n を読み込んで，読み込んだ文字列を n 回繰り返して連結するプログラムを作成しなさい．たとえば，「ab」と 3 が入力されたら，ababab という文字列を出力するものとします．ただし，n は 0 以上とします．
ヒント ▶ 空の文字列を用意しておき，そこに入力された文字列を n 回連結すればよいのです．

10.4 「abc」という文字列を読み込んだら，abccba と出力するプログラムを作成しなさい． ▶例 10.3

10.5 文字を入力し，その文字が数字かどうかを判定するプログラムを作成しなさい． ▶例 10.4
ヒント ▶ 数字であるということは，'0' 以上かつ '9' 以下ということです．

10.6 文字を入力し，英字の大文字かどうかを判定するプログラムを作成しなさい．

10.7 英数字からなる文字列を読み込み，それが回文になっているか調べるプログラムを作成しなさい．たとえば，「uninu」は回文ですが，「unini」は回文ではありません．
（文字の取り出し ▶例 10.1，文字の比較 ▶例 10.4 など）

10.8◆ 二つの文字列 str_1 と str_2 を読み込み，str_1 の中に str_2 が含まれているかどうかを調べるプログラムを作成しなさい．ただし，`substring` や `indexOf` を使わずに作成しなさい．たとえば，「okonomiyakitakouniikura」や「takouniikuraokonomiyaki」の中に「takoyaki」は含まれていません．

10.9◆ 英文字だけからなる文字列を入力し，そこに含まれるアルファベットの出現頻度を調べて出力するプログラムを作成しなさい．ただし，文字列はすべて小文字に変換して扱うものとします．
ヒント ▶ 大きさ 26 の配列 `alpha[]` を作り，'a' が出てきたら `alpha[0]++`，'b' が出てきたら `alpha[1]++` をすればよいのです．例 10.5 を参考にすれば，各文字が 'a' から何番目か調べることができますから，各文字について `alpha[idx]++` をすればよいですね．あとは，この `alpha[i]` を for 文で出力すればよいだけです．

11 switch文
たくさんの条件がある場合の分岐

プログラムで場合分けを書く方法として，以前に if 文を学びました．if 文は，数個の条件を書くのにはよいのですが，場合分けが多いときは else if をたくさん書かなければならず，面倒です．そんなときに便利なのが switch 文です[†]．

11.1 switch 文の書き方

switch 文は，複数の条件を簡単に書くことができます．次の形が基本です．

Point switch 文

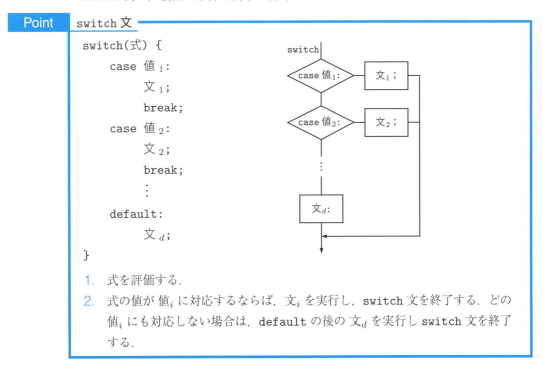

```
switch(式) {
    case 値₁:
        文₁;
        break;
    case 値₂:
        文₂;
        break;
        ⋮
    default:
        文_d;
}
```

1. 式を評価する．
2. 式の値が 値$_i$ に対応するならば，文$_i$ を実行し，switch 文を終了する．どの 値$_i$ にも対応しない場合は，default の後の 文$_d$ を実行し switch 文を終了する．

switch 文を書くときは，以下のことに気をつけてください．
- 評価する**式**で扱えるのは，整数，文字列だけです．実数は扱えません．
- **case の値**に書けるのは，整数や文字列の定数です．実数は扱えず，変数や式を書くこともできません．
- 各 case の文の終わりに break を忘れないでください．
- 各 case で実行する文は複数行書けます．

[†] 新しい Java では，switch のさまざまな拡張機能が使えるようになりましたが，ここでは switch 文の基本を学ぶことにします．

- 最後の default は省略できます．default を書かなかった場合，合う値がなければ何も実行せずに switch 文を終了することになります．
- switch 文で複数の case に対して同じ処理をする or 条件を書きたい場合，case 文を複数行書きます．後の例 11.2 を見てください．

■ switch 文の例プログラム

まずは，switch 文の基本的な例を見てみましょう．

例 11.1 4 で割った余りによる場合分け

1 以上の整数を読み込み，4 の倍数との関係を出力するプログラムを作成しなさい．

```java
import java.util.Scanner;
public class Reidai1101 {
    public static void main(String[] args) {
        int seisu;
        Scanner sc = new Scanner(System.in);

        System.out.print("数字を入力してください>> ");
        seisu = sc.nextInt();
        switch (seisu % 4) {   // ここには式が書ける
        case 0:                // ここに式を書くことはできない
            System.out.println("4 の倍数です");
            break;             // 必ず break を書く
        case 1:                // ここに式を書くことはできない　以下同様
            System.out.println("4 の倍数 +1 の数です");
            break;
        case 2:
            System.out.println("4 の倍数 +2 の数です");
            break;
        default:
            System.out.println("4 の倍数 +3 の数です");
        }
    }
}
```

実行結果 1

```
数字を入力してください>> 5 [Enter]
4 の倍数 +1 の数です
```

実行結果 2

```
数字を入力してください>> 11 [Enter]
4 の倍数 +3 の数です
```

次は複数の case を連続して書いて，場合分けをする例です．

例 11.2 1 箇月の日数

1 から 12 までのいずれかの数を変数 tsuki に読み込み，tsuki 月の日数を出力するプログラムを作成しなさい．

```java
import java.util.Scanner;
public class Reidai1102 {
    public static void main(String[] args) {
```

```java
 4
 5          int tsuki;
 6          Scanner sc = new Scanner(System.in);
 7
 8          System.out.print("月を入力してください>> ");
 9          tsuki = sc.nextInt();
10          switch (tsuki) {
11          case 2:
12              System.out.println(tsuki+"月の日数は 28 日か 29 日です");
13              break;
14          case 4: // or 条件の場合，このように case を複数行書ける
15          case 6:
16          case 9:
17          case 11:
18              System.out.println(tsuki+"月の日数は 30 日です");
19              break;
20          case 1:
21          case 3:
22          case 5:
23          case 7:
24          case 8:
25          case 10:
26          case 12:
27              System.out.println(tsuki+"月の日数は 31 日です");
28              break;
29          default:
30              System.out.println("月の入力が間違っています");
31          }
32      }
33  }
```

実行結果 1

月を入力してください>> 2 [Enter]
2 月の日数は 28 日か 29 日です

実行結果 2

月を入力してください>> 8 [Enter]
8 月の日数は 31 日です

　少し switch 文からは脱線しますが，例 11.2 のプログラムとほぼ同じ動作をするプログラムは，文字列の配列を使って，次のように書くこともできます．下のプログラムは，13 などが入力された場合はエラーになりますが，ほぼ同じ動作といってよいでしょう．このように，プログラムには，同じことを実現するための複数の方法があるのが普通なのです．どの方法を使うべきか迷ったら，使いやすい方法を使いましょう．

例 11.3 1 箇月の日数（配列で作った例）

```java
 1  import java.util.Scanner;
 2  public class Reidai1103 {
 3      public static void main(String[] args) {
 4          int tsuki;
 5          String[] nissu = { "0", "31 日", "28 日か 29 日", "31 日", "30 日", "31 日",
 6                  "30 日", "31 日", "31 日", "30 日", "31 日", "30 日", "31 日" };
 7          Scanner sc = new Scanner(System.in);
 8
 9          System.out.print("月を入力してください>> ");
10          tsuki = sc.nextInt();
```

```
11          System.out.println(tsuki + "月の日数は" + nissu[tsuki] + "です");
12      }
13 }
```

練習問題

以下の練習問題は，if 文，switch 文，文字列配列のどれを使ってもかまいません．工夫して取り組んでください． ▶ 例 11.2, 例 11.3

11.1 数字を 1 文字入力すると，その英語訳を答えるプログラムを作成しなさい．

実行例
```
数字を 1 文字入力してください>> 2 [Enter]
2 は英語で two です．
```

11.2 英語の小文字を 1 文字入力すると，その文字を頭文字とする英単語を一つ出力するプログラムを作成しなさい（26 文字すべてを作らなくてもよいです）．

実行例
```
a から d までの英小文字を 1 文字入力してください>> d [Enter]
dog
```

11.3 曜日の名前を英語で入力すると，対応する曜日を日本語で出力するプログラムを作成しなさい．ただし，曜日の英語名は，省略形でも受け付けるものとします．たとえば，月曜日は Monday でも Mon でも受け付けるようにしますし，木曜日は Thursday, Thurs, Thur, Thu, Th などを受け付けるようにします．

11.4 元素周期表は，物理／化学の基本となる，元素の性質が書かれた表です．周期表をもとに，元素記号を入力すると，その元素の原子番号を答えるプログラムを作成しなさい．たとえば「F」を入力すると，「9（フッ素）」と答えるプログラムです．
元素記号と原子番号の対応は次のようになっています．1:H（水素），2:He（ヘリウム），3:Li（リチウム），4:Be（ベリリウム），5:B（ホウ素），6:C（炭素），7:N（窒素），8:O（酸素）．

11.5 練習問題 11.4 のプログラムの元素について，原子番号を入力すると元素を答えるプログラムを作成しなさい．たとえば，「6」を入力すると「C（炭素）」と答えるプログラムです．

11.6 月の数字を入力すると，陰暦の月の名前（睦月，如月，弥生など）を出力するプログラムを作成しなさい．

11.7◆ 生まれた月と日を入力すると，該当する星座（牡羊座，牡牛座，...）を出力するプログラムを作成しなさい．
ヒント ▶ このプログラムを作るには，if 文を使うべきか，switch 文なのか，文字列の配列なのか，何が適当なのか考えてみましょう．あるいは，どのような工夫をすればプログラムが簡単になるか，検討してみましょう．

12 | メソッド
プログラムを部品化する

　大きなプログラムを作っていると，プログラムのあちこちで同じ処理を実行させたくなることがあります．そのたびに，同じプログラムをコピー&ペーストしてもよいのですが，この「同じ処理」を一つの部品としてまとめておけたら便利ではないでしょうか．この部品を作ったり，使ったりするための機能が**メソッド**です†．いままで使ってきた Math.abs() とか System.out.println() などは，すべて Java にあらかじめ備わっていたメソッドなのです．

　この章では，自分で新しいメソッドを作る方法を学びます．ここで作るメソッドは，クラスメソッドとよばれるものです．クラスメソッド以外にインスタンスメソッドというものもありますが，それは第 14 章で学びます．

12.1 | メソッドの基本構成

　新しいメソッドを作ることを，メソッドの宣言とよびます．メソッドの宣言は，次のように書きます．

> **Point** クラスメソッドの宣言
>
> ```
> public static 型名 メソッド名 (仮引数){
>     処理
>     return 式;
> }
> ```

　具体例を見てみましょう．以下のメソッドは，二つの数の足し算をするメソッドです．

> **Point** メソッドの構造

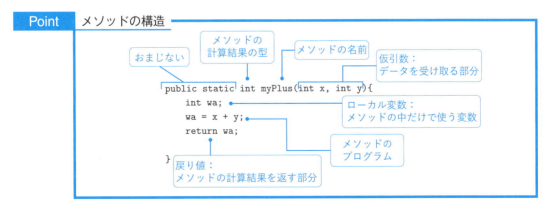

---

† メソッドは，オブジェクト指向言語でのよび方です．古いプログラミング言語では，関数とか手続きなどとよばれていました．

何か見覚えがありませんか？ そうです．みなさんはいままで，特に意識することなく `public static void main()` を宣言して使っていたのです．以後は，`main` 以外にもメソッドを宣言して使います．

`public static` は，いまのところはおまじないだと思っておいてください．メソッドの計算結果の型は，`int` や `double` のほか，`void` が使えます．これは後で説明します．

メソッドの名前は，あなたが自由に付けてかまいません．

メソッドがデータを受け取る部分は仮引数，あるいは単に引数とよばれます．仮引数は，メソッドの中だけで使用する仮の変数で，メソッドを呼び出したプログラムからデータを受け取るのに用います．

メソッド宣言の { } の中にある変数宣言では，メソッドの中だけで使う変数を宣言します．このような変数をローカル変数とよびます．ローカル変数は，メソッドの外では使うことができません．

戻り値とは，メソッドの中で計算した結果であり，メソッドを呼び出したプログラムに返す値のことです．`return`（リターン）に続いて計算結果の式を書くと，プログラム中のメソッドを呼び出したところで，メソッドの計算結果を使うことができます．

メソッドは，メソッド名(引数) という形で呼び出します．そう，いままで `println()` や `nextInt()` として使ってきたものは，すべてメソッドだったのです．皆さんの書いたプログラムは，`public class` ～ に続く { } の中に書かれていました．この { } の中に書かれる（ここで習う）メソッドについては メソッド名(引数) という形で呼び出しますが，{ } の外の世界のメソッドを呼び出すときは クラス名.メソッド名(引数) としなければいけません．あるいは第 14 章で学ぶインスタンスメソッドを呼び出すときは インスタンス.メソッド名(引数) としなければいけません．クラスとインスタンスについては後の第 14 章で学びます†．

```
public class Reidai{
    public static void main(String[] args){

        int seisu1, seisu2, kotae;
        seisu1 = 3;
        seisu2 = 4;

        kotae = myPlus(seisu1, seisu2);
        System.out.println(kotae);

    }
    public static int myPlus(int x, int y){
        int wa;
        wa = x + y;
        return wa;
    }
}
```

メソッド名のみ：
同じ public class
内で定義

同じ public class 内では定義されていない，外のクラスのメソッド．`System` はクラス名にあたる

---

† `Math.abs(引数)` で使ってきた `Math` はクラス名でした．`sc.nextInt()` で使った `sc` はインスタンスでした．大文字で始まる名前はクラス名．`new` してから使う部品はインスタンスです．

12.2 メソッド宣言の例

単純な例から始めましょう．二つの数の掛け算をするメソッドを作ってみましょう．メソッドは，一つのプログラムの中にいくつ作ってもかまいません．メソッドがいくつあっても，プログラムの実行は常に public static void main() から始まります（①）．main は特別なメソッドなのです．

メソッド呼び出しがあると，プログラムの実行はメソッドの部分へ飛びます（②）．そしてメソッドの中のプログラムが実行され（③），メソッドの計算が終わると元のところに戻ります（④）．

メソッドの中で計算結果を return すると，メソッドを呼び出した所にその値が戻されます（⑤）．

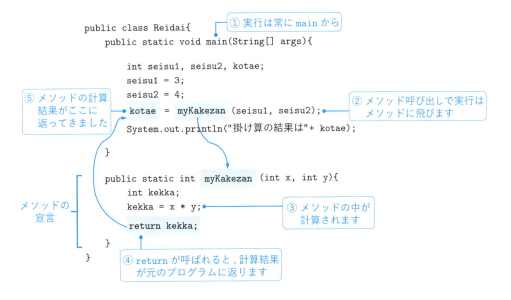

メソッド宣言の 1 行目の意味は次のとおりです．

```
    (1)     (2)    (3)     (4)         (5)
  public  static  int   myKakezan  (int x, int y)
```

(1)(2) いまは，これはおまじないだと思っておいてください．

(3) このメソッドが返す計算結果の型を書きます．ここでは，整数型であると宣言しています．

(4) 新たに作るメソッドの名前をここに書きます．名前は自由に決めてかまいませんが，何を計算しているのかわかりやすい名前にしましょう．

(5) このメソッドの仮引数をここに書きます．ここでは整数型の x, y を使うと宣言しています．

Note 仮引数と実引数

メソッドのデータを受けとる部分に書いてある変数を仮引数とよびます．一方，メソッド呼び出し側でメソッドに与えるデータのことを実引数とよびます．

12.3 メソッドの引数

さて，メソッドの引数の部分だけ，もう一度詳しく見てみましょう．

次の図の例のように，メソッドを呼び出す部分に書いた seisu1, seisu2 のデータが，メソッドの引数の x, y にコピーされます．先頭の seisu1 の値は先頭の引数の x に，次の seisu2 は次の引数 y にコピーされます．名前ではなく，順番が重要だということを覚えておいてください．

メソッドの中で計算した結果を return の後ろに書くと，それは戻り値として呼び出し元に返されます．

```
public class Reidai {
    public static void main(String[] args) {

        int seisu1, seisu2, kotae;
        seisu1 = 3;
        seisu2 = 4;
        kotae = myKakezan ( seisu1, seisu2 )
        System.out.println("掛け算の結果は"+ kotae);


    }


    public static int myKakezan ( int x, int y ) {
    int kekka;
    kekka = x * y;
    return kekka;

    }
}
```

■ メソッドの例プログラム

最初に，メソッドを使うシンプルな例を見てみましょう．

例 12.1 掛け算を計算するメソッド

二つの整数を入力すると，その積を出力するプログラムを作成しなさい．ただし，掛け算の部分はメソッドを用いて計算しなさい．

```
1  import java.util.Scanner;
2  public class Reidai1201 {
3      public static void main(String[] args) {
4          int seisu1, seisu2, kotae;
5          Scanner sc = new Scanner(System.in);
```

```
 6
 7          System.out.print("一つ目の整数>> ");
 8          seisu1 = sc.nextInt();
 9          System.out.print("二つ目の整数>> ");
10          seisu2 = sc.nextInt();
11          kotae = myKakezan(seisu1, seisu2);         // メソッド呼び出し
12          System.out.println("掛け算の結果は" + kotae);
13      }
14
15      public static int myKakezan(int x, int y) { // 作成したメソッド
16          int kekka;
17          kekka = x * y;                              // 引数を掛け算して
18          return kekka;                               // 結果を return で返す
19      }
20  }
```

実行結果

```
一つ目の整数>> 3 [Enter]
二つ目の整数>> 5 [Enter]
掛け算の結果は 15
```

　もちろんメソッドの中には，いろいろな処理を書くことができます．次は，メソッドに少しだけ複雑な計算を書いてみましょう．

例 12.2　階乗を計算するメソッド

　1 以上の整数 n を入力すると，$1!$〜$n!$ の値をすべて出力するプログラムを作成しなさい．ただし，階乗を計算する部分はメソッドを用いて計算しなさい．

```
 1  import java.util.Scanner;
 2  public class Reidai1202 {
 3      public static void main(String[] args) {
 4          int n, x;
 5          Scanner sc = new Scanner(System.in);
 6
 7          System.out.print("n = ");
 8          n = sc.nextInt();
 9          for (int i = 1; i <= n; i++) {
10              x = kaijo(i);                           // メソッド呼び出し
11              System.out.println(i + "! = " + x);
12          }
13      }
14
15      public static int kaijo(int x) {                // 階乗計算メソッド
16          int kotae;
17
18          kotae = 1;                                  // 階乗の初期化は1
19          for (int i = 1; i <= x; i++) {
20              kotae = kotae * i;                      // 掛け算を繰り返し
21          }
22          return kotae;                               // 結果を返す
23      }
24  }
```

実行結果

```
n = 3 [Enter]
1! = 1
2! = 2
3! = 6
```

次の例プログラムに進む前に，**論理型**について説明しておきましょう．14 ページでも一度説明しましたが，論理型 `boolean` は，真 (true) と偽 (false) の二つの値だけをとることができる型です．if 文の条件式に使えるのは論理型の値だけです．== 演算子などはすべて，論理型の結果を返していたのでした．

> **Point　論理型**
>
> 論理型 (`boolean`) は次の二つの値だけをとることができる．
>
> | true | 真 |
> |---|---|
> | false | 偽 |

次の例の `komoji()` メソッドは，この `boolean` 型の値を返します．そのため，メソッドを if 文の条件式に書くことができます．

例 12.3　文字列の中の小文字の数

入力された文字列の中に含まれる英小文字の数を数えるプログラムを作成しなさい．

```java
import java.util.Scanner;
public class Reidai1203 {
    public static void main(String[] args) {
        Scanner sc = new Scanner(System.in);
        System.out.print("文字列を入力してください>> ");
        String str = sc.next();
        int ko = komojinokazu(str);         // メソッド呼び出し
        System.out.println(str + "の中に含まれる小文字の数" + ko);
    }

    // 文字が英小文字かどうか判定するメソッド boolean 型
    public static boolean komoji(char c) {
        if (c >= 'a' && c <= 'z') {
            return true;                    // 小文字なら true を返す
        }
        return false;                       // そうでなければ false を返す
    }

    // 文字列中の小文字の数を数えるメソッド
    public static int komojinokazu(String str) {
        int ret = 0; // 個数は 0 個に初期化
        for (int i = 0; i < str.length(); i++) {
            if (komoji(str.charAt(i))) { // 上で作ったメソッドを呼び出す
                ret++;                      // 小文字だったら 1 個増やす
            }
        }
        return ret;                         // 数えた数を返す
    }
}
```

実行結果

```
文字列を入力してください>> Takoyaki11 [Enter]
Takoyaki11の中に含まれる小文字の数 7
```

次の例は，メソッドと引数の関係を理解するための読解問題です．実用的な意味はありませんが，まずは実行結果を予想してみてください．その後プログラムを打ち込み，実行結果を確認しましょう．

例 12.4 メソッドと引数

```
 1  public class Reidai1204 {
 2      public static void main(String[] args) {
 3          int a = 1;
 4          int b = 2;
 5  
 6          System.out.println(" a: " + a + "  b: " + b);
 7          System.out.println("f1(a,b) の結果: " + f1(a, b));
 8          System.out.println("f1(a,a) の結果: " + f1(a, a));
 9          System.out.println("f1(b,b) の結果: " + f1(b, b));
10          System.out.println("f2(a,b) の結果: " + f2(a, b));
11          System.out.println("f2(a,a) の結果: " + f2(a, a));
12          System.out.println("f2(b,b) の結果: " + f2(b, b));
13          System.out.println("f3(a,b) の結果: " + f3(a, b));
14          System.out.println("f3(a,a) の結果: " + f3(a, a));
15          System.out.println("f3(b,b) の結果: " + f3(b, b));
16      }
17  
18      public static int f1(int x, int y) {
19          if (x % 2 == 0) {
20              return x + y + 3;
21          }
22          else {
23              return x * y;
24          }
25      }
26  
27      public static int f2(int x, int y) {
28          return f1(x, x) + f1(y, y);
29      }
30  
31      public static int f3(int y, int x) {
32          return f1(x, x) * f1(y, y);
33      }
34  
35  }
```

12.4 メソッドオーバーロード

　メソッドは，引数の個数や引数の型が違う場合，同じ名前をもつメソッドを作れます．たとえば，33 ページで使った Math.abs は，引数が整数の場合は整数を返し，実数の場合は実数を返すメソッドでした．引数に整数をとる Math.abs という名前のメソッドと，引数に実数をとる Math.abs という名前のメソッドが用意されていたのです．このように，同じ名前で引数の型や個数が違うメソッドを宣言することを，**メソッドオーバーロード**とよびます．

　単純なメソッドオーバーロードの例として，同じ名前で引数の個数が違うメソッドを作ってみましょう．

例 12.5　m の倍数か否か判定するメソッド

0 以上の整数を変数 seisu に入力し，seisu が 3 の倍数か否かと，seisu が指定された m の倍数か否かを判定するプログラムを作成しなさい．ただし，次の二つのメソッドを作成して用いることにします．

　メソッド名：baisu
　　引数　n: int 型
　　内容　n が 3 の倍数なら true を，それ以外は false を返す．

　メソッド名：baisu
　　引数　n, m: int 型
　　内容　n が m の倍数なら true を，それ以外は false を返す．

```java
import java.util.Scanner;
public class Reidai1205 {
    public static void main(String[] args) {
        int m = 5;                              // 今回は m をプログラム内で与える
        int seisu;
        Scanner sc = new Scanner(System.in);

        System.out.print("整数を入力してください>> ");
        seisu = sc.nextInt();
        if (baisu(seisu)) {
            System.out.println(seisu + "は 3 の倍数です");
        }
        else {
            System.out.println(seisu + "は 3 の倍数ではありません");
        }
        if (baisu(seisu, m)) {
            System.out.println(seisu + "は" + m + "の倍数です");
        }
        else {
            System.out.println(seisu + "は" + m + "の倍数ではありません");
        }
    }

    public static boolean baisu(int n) {        // 引数一つのメソッド
        if (n % 3 == 0) {
            return true;
        }
        return false;
    }

    public static boolean baisu(int n, int m) { // 引数二つのメソッド
        if (n % m == 0) {
            return true;
        }
        return false;
    }
}
```

実行結果 1

```
整数を入力してください>> 10 [Enter]
10 は 3 の倍数ではありません
10 は 5 の倍数です
```

> **実行結果 2**
>
> 整数を入力してください>> 6 [Enter]
> 6 は 3 の倍数です
> 6 は 5 の倍数ではありません

12.5 メソッドに配列を渡す

メソッドの引数に配列を渡す場合，仮引数は (`int[] hairetsu`) のように，大きさを指定しない配列という形で書きます．メソッドの中で配列の大きさを調べるためには，配列名に`.length`をつけて調べます（60 ページ参照）．たとえば，次のようになります．

```
public static int goukei(int[] data) {
    int wa = 0;
    for (int i = 0; i < data.length; i++) { // length を使っている
        wa = wa + data[i];
    }
    return wa;
}
```

メソッドを呼び出す側では配列の名前だけを使い，`[]`は使いません．実際の例で見てみましょう．

例 12.6 平均を計算するメソッド

班 1，班 2 それぞれの班員 5 人の得点を入力し，各班の平均値を計算し出力するプログラムを作成しなさい．ただし，次のメソッドを作成して用いること．

メソッド名：`heikinKeisan`
  引数 整数の配列
  内容 平均値を返す．

```
 1  import java.util.Scanner;
 2  public class Reidai1206 {
 3      public static void main(String[] args) {
 4
 5          final int N = 5;
 6          int[] han1 = new int[N];
 7          int[] han2 = new int[N];
 8          double heikin;
 9          Scanner sc = new Scanner(System.in);
10
11          for (int i = 0; i < N; i++) {
12              System.out.print("班1  " + (i + 1) + "人目>>");
13              han1[i] = sc.nextInt();
14
15          }
16          for (int i = 0; i < N; i++) {
17              System.out.print("班2  " + (i + 1) + "人目>>");
18              han2[i] = sc.nextInt();
19
20          }
```

```
21            heikin = heikinKeisan(han1);            // メソッドに配列を渡す
22            System.out.println("班 1 の平均   " + heikin);
23            heikin = heikinKeisan(han2);
24            System.out.println("班 2 の平均   " + heikin);
25        }
26
27        public static double heikinKeisan(int[] x) { // 配列を受け取る
28            double wa = 0;
29            double heikin;
30            for (int i = 0; i < x.length; i++) {     // 合計を計算
31                wa = wa + x[i];
32            }
33            heikin = wa / x.length;                  // 平均を計算
34            return heikin;
35        }
36
37    }
```

実行結果

```
班 1    1 人目>> 2 [Enter]
班 1    2 人目>> 3 [Enter]
班 1    3 人目>> 1 [Enter]
班 1    4 人目>> 6 [Enter]
班 1    5 人目>> 5 [Enter]
班 2    1 人目>> 4 [Enter]
班 2    2 人目>> 3 [Enter]
班 2    3 人目>> 5 [Enter]
班 2    4 人目>> 6 [Enter]
班 2    5 人目>> 2 [Enter]
班 1 の平均   3.4
班 2 の平均   4.0
```

12.6 値を返さないメソッド

配列の中身を表示するだけのメソッドを作ったとしましょう．そのようなメソッドは，特に何かを計算するわけではないので，計算結果を返す必要がありません．このようなメソッドの型には，`void`（ボイド）を指定します．

`void` 型のメソッドは，メソッドの中で `return` を呼ぶ必要はありませんが，`return` を書いてもかまいません．たとえば，x が 0 という条件により，途中でメソッドを終了させたい場合は，

```
if (x == 0) {
    return;
}
```

と書けば，メソッドのこれ以降のプログラムを実行することなく終了することができます．これは，`for` 文や `while` 文の `break` と似た効果を発揮します．

12.6 値を返さないメソッド

まずは単純な例を見てみましょう．

例 12.7 配列を出力するメソッド

整数の配列を受け取り，その中身を表示するメソッドを作成しなさい．

```java
public class Reidai1207 {
    public static void main(String[] args) {    // メイン
        final int N = 10;
        int[] data = new int[N];
        for (int i = 0; i < N; i++) {           // 配列の値は適当に決めておく
            data[i] = i * i;
        }
        printArray(data);

    }

    public static void printArray(int[] x) {    // 表示用メソッド
        for (int i = 0; i < x.length; i++) {
            System.out.println("配列[ " + i + "] = " + x[i]);
        }
    }                                           // return は必要ない
}
```

この例の `printArray` メソッドは，配列の中身を表示するだけで，計算結果を返す必要がないので，`return` は必要ありません．

次も void の例で，今度は配列への入力を行うメソッドです．

例 12.8 配列入力のためのメソッド

整数の配列を受け取り，配列に整数を入力するメソッドを作成しなさい．

```java
import java.util.Scanner;
public class Reidai1208 {
    public static void main(String[] args) {
        final int N = 5;
        int[] data = new int[N];

        inputArray(data);                       // メソッド呼び出し
        printArray(data);                       // メソッド呼び出し
    }

    public static void printArray(int[] x) {    // 出力用メソッド
        for (int i = 0; i < x.length; i++) {
            System.out.println("配列[" + i + "] = " + x[i]);
        }
    }

    public static void inputArray(int[] x) {    // 入力用メソッド
        Scanner sc = new Scanner(System.in);

        for (int i = 0; i < x.length; i++) {
            System.out.print("配列[" + i + "]");
            x[i] = sc.nextInt();
        }
    }

}
```

> メソッドの呼び出しでは，メソッドには引数のコピーが渡されます．通常は，コピーされた変数に何か変更を加えても，呼び出し元には変更が伝わりません．しかし配列は参照型のデータです（65 ページ参照）．参照型の場合，「参照（矢印）のコピー」が渡されるため，参照されている先にあるデータの実体はコピーされません．そのため，計算結果を return する必要がなく，void で動くのです．
>
> また，この例では，inputArray の中で Scanner を準備しています．main の中では Scanner を使わないので，使うところで準備しているのです．

練習問題

12.1 二つの整数を入力すると，その和を計算して出力するプログラムを作成しなさい．ただし，足し算は，メソッドを作成して計算しなさい． ▶ 例 12.1

12.2 二つの整数を入力すると，その和，差，積，商を計算して出力するプログラムを作成しなさい．ただし和，差，積，商を計算するメソッドを，それぞれ作成して用いることとします．
ヒント ▶ 和は練習問題 12.1，積は例 12.1 のメソッドを使ってかまいません．

12.3 引数として 1 以上の整数 n と k を受け取り，n の k 乗を計算するメソッドを作成しなさい．n の k 乗は，for 文を使って n を k 回掛け合わせなさい． ▶ 例 12.2

12.4 引数として 1 以上の整数 n を受け取り，n が素数かどうか判定し，true か false を返すメソッドを作成しなさい． ▶ 例 12.3, 例 12.5

12.5 引数として 1 以上の整数 x を受け取り，x の桁数を整数で返すメソッドを作成しなさい．プログラムは，while の練習問題（56 ページ）を参考にして作りなさい．

12.6 整数の配列を引数として受け取り，その配列の中の最大値を返すメソッドを作成しなさい． ▶ 例 12.6

12.7 二つの 1 以上の整数 m と n を引数として受け取り，m と n の最大公約数を返すメソッドを作成しなさい．最大公約数は，for の練習問題（45 ページ）を参考に計算しなさい．

12.8 二つの 1 以上の整数 m と n を引数として受け取り，m と n の最小公倍数を返すメソッドを作成しなさい．

12.9 文字列を受け取り，この文字列を反転して返すメソッドを作成しなさい．
ヒント ▶ 文字列を反転させる処理 ▶ 例 10.3

13 | 再帰呼び出し
アルゴリズム入門

メソッドを使うと，ある一定のまとまりのある計算を部品として記述できます．メソッドでは，メソッド A の中から別のメソッド B を呼び出すことも可能ですから，さまざまな計算をメソッドの組み合わせで書くことができます．

このメソッドの呼び出しには，実は制限がありません．あるメソッド A は，メソッド A の中から，自分自身であるメソッド A を呼び出すことも可能なのです．これを**再帰呼び出し**，あるいは単に**再帰**といいます．本章ではこの再帰を学びましょう．

13.1 | 再帰呼び出し

まずは例を見てみましょう．n の階乗は次のように定義されています．

$$n! \equiv n \times (n-1) \times (n-2) \times ... \times 2 \times 1$$

階乗を計算するために，いままでなら for 文を使っていました．ちょっと思い出してみましょう．

```
kaijo = 1;
for (int i = 1; i <= n; i++) { // 1 から n まで
    kaijo = kaijo * i;         // 掛け合わせる
}
```

次に発想を転換してみましょう．3! は 2! を使うことで，$3 \times 2!$ と書くことができます．これを続けると以下のようになります．

2! の部分は 1! を使って $2 \times 1!$ と書けますから，3! は $3 \times (2 \times 1!)$ です．
1! の部分は $1 \times 0!$ と書けますから，3! は $3 \times (2 \times (1 \times 0!))$ です．
0! は 1 ですから，3! は $3 \times (2 \times (1 \times 1))$ です．
よって 3! は $3 \times 2 \times 1 \times 1$ です．

このような考え方を形式的に，次のように書くことができます．

$$kaijo(n) = \begin{cases} 1 & n \text{ が } 0 \text{ のとき} \\ n \times kaijo(n-1) & \text{それ以外のとき} \end{cases}$$

数学的帰納法に似た書き方ですね．そして，この定義を，Java はそのままメソッドとして書くことができます．

```java
public static int kaijo(int n) {
    if (n == 0) {                    // n がゼロのときは
        return 1;                    // 1 を返す
    }
    else {                           // それ以外のときは
        return n * kaijo(n - 1);     // n と kaijo(n-1) を掛けて返す
    }
}
```

メソッド kaijo は，その中からメソッド kaijo 自身を呼び出しています．このように，メソッドが自分自身を呼び出すことを，再帰とよびます．

再帰を使うと，複雑なプログラムを簡単に記述することができます．たとえば，高速な並べ替えプログラムや多くの探索プログラムは，再帰を使って書かれています．このように，専門的なプログラムには再帰を使うものも多いので，ここでしっかり再帰の考え方を身につけておきましょう．

例 13.1　階乗を求めるメソッド

整数 n が入力されたとき，n の階乗 ($n!$) を計算するプログラムを，再帰を用いて作成しなさい．

```java
 1  import java.util.Scanner;
 2  public class Reidai1301 {
 3      public static void main(String[] args) {
 4          int n, x;
 5          Scanner sc = new Scanner(System.in);
 6
 7          System.out.print("n = ");
 8          n = sc.nextInt();
 9          x = kaijo(n);                        // メソッド呼び出し
10          System.out.println(n + "! は " + x + " です");
11
12      }
13
14      public static int kaijo(int n) {   // 階乗計算メソッド
15          if (n == 0) {                  // n がゼロのときは
16              return 1;                  // 1 を返す
17          }
18          else {                         // それ以外のときは
19              return n * kaijo(n - 1);   // n と kaijo(n-1) を掛けて返す
20          }
21      }
22  }
```

■再帰はメソッドの先頭に戻るのか

再帰を習い始めたばかりの初心者には，「再帰を使うと，プログラムの実行はメソッドの先頭に戻ってしまう．では変数はどうなるのか，実行が終わったらどうなるのか…」と悩む姿が見られます．再帰メソッドは，呼び出しのたびにプログラムの実行がメソッド自分自身の「先頭に戻る」と考えると混乱してしまいます．再帰は，呼ばれるたびにメソッドの新しいコピーが作られ，このコピーされたメソッドが呼び出されるので，自分自身の先頭に戻るわけではないと考えるとよいでしょう．メソッドは分身の術を使うものだと理解してください（図 13.1）．

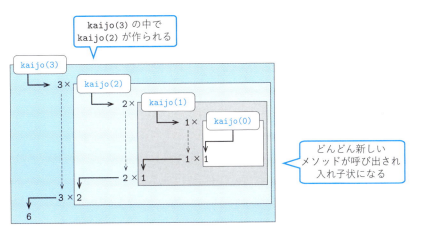

図 13.1 再帰メソッドの概念図

13.2 再帰メソッドを作る手順

再帰メソッドのプログラムを作る場合，次の手順で考えるとよいでしょう．

1. 数学的な定義をしっかりと書く．あるいは数学的な定義を確認する．
   ちょっと数学的帰納法を思い出してみましょう．そして，$n-1$ の問題が解けるという前提のもと，n の問題の定義を書いてみましょう．
2. 定義の中に $n=0$ や $n=1$ の場合（繰り返し呼び出しの最後）の条件が書かれているかを確認する．
3. 定義がしっかり書けたら，メソッドのプログラムを作る．
   (a) 再帰でメソッドが自分自身を呼び出すとき，引数は $n-1$ や $n-2$ になっているか確認しましょう．
   (b) $n=0$ とか $n=1$ の場合の条件が，正しくプログラミングされているか確認しましょう．

以下の具体例で手順を追ってみましょう．

例 13.2　組み合わせ

n 個のものから r 個選ぶ組み合わせ（$_nC_r$ と書く）が何通りあるかを求めるプログラムを作りなさい．

考え方 ▶ n 個のものから r 個選ぶ組み合わせ $_nC_r$ は，次の計算式を用いればよいです．

$$_nC_r = \begin{cases} 1 & r が 0，または r が n のとき \\ n & r が 1 のとき \\ _{n-1}C_{r-1} + {_{n-1}C_r} & それ以外のとき \end{cases}$$

このように，初めに定義をしっかりと確認します（手順1）．この定義式からプログラムを作ると次のようになります．まず，$_nC_r$ は，プログラムではメソッド comb(n,r)

と書くことにします．メソッド comb(n,r) の定義は，先の定義から，r が 0 の場合，1 の場合，n の場合（手順 2），およびそれ以外の場合を考えて書きます．それ以外の場合は，自分自身であるメソッド comb(n,r) を呼び出すのです．このとき，手順 3(a) にあるように，呼び出すメソッドの r と n が適切に変更されていることを確認しましょう．

```java
import java.util.Scanner;
public class Reidai1302 {
    public static void main(String[] args) {

        int n, r, c;
        Scanner sc = new Scanner(System.in);
        System.out.print("n = ");
        n = sc.nextInt();
        System.out.print("r = ");
        r = sc.nextInt();
        c = comb(n, r);
        System.out.print("nCr: " + c);
    }

    public static int comb(int n, int r) {
        if (r == 0) {       // r が 0 なら
            return 1;
        }
        else if (r == n) { // r が n なら
            return 1;
        }
        else if (r == 1) { // r が 1 なら
            return n;
        }
        else {              // それ以外は再帰を使う
            return comb(n - 1, r - 1) + comb(n - 1, r);
        }
    }
}
```

実行結果

```
n = 10 [Enter]
r = 5 [Enter]
nCr: 252
```

練習問題

13.1 1 以上の整数 n を引数として受け取り，1 から n までの総和を求めるメソッドを再帰を用いて作成しなさい． ▶ 例 13.1

13.2 1 以上の整数 n を引数として受け取り，フィボナッチ数列の n 番目の数 $fib(n)$ を計算するメソッドを，再帰を用いて作成しなさい．ただし，フィボナッチ数列とは，次のように定義される数列です．

$$fib(n) = \begin{cases} 0 & n = 0 \text{ の場合} \\ 1 & n = 1 \text{ の場合} \\ fib(n-1) + fib(n-2) & \text{それ以外の場合} \end{cases}$$

よって，0 番目から順に 0, 1, 1, 2, 3, 5, 8, 13, 21, 34, 55, 89, 144, 233, 377, 610, 987 となるはずです．

13.3 1 以上の整数 m, n を受け取り，二つの数の掛け算を，再帰を使って計算するメソッドを作成しなさい．再帰を使った掛け算 $kakezan(m, n)$ は，次のように定義できます．

$$kakezan(m, n) = \begin{cases} n & m = 1 \text{ の場合} \\ n + kakezan(m-1, n) & \text{それ以外の場合} \end{cases}$$

13.4 1 以上の整数 x, n を受け取り，x^n を再帰を使って計算するメソッドを作成しなさい．再帰を使った式 $pw(x, n)$ は次のように定義できます．

$$pw(x, n) = \begin{cases} 1 & n = 0 \text{ の場合} \\ x \times pw(x, n-1) & \text{それ以外の場合} \end{cases}$$

13.5 1 以上の整数 m, n を受け取り，アッカーマン関数 $ack(m, n)$ を計算するメソッドを作成しなさい．アッカーマン関数とは，次のように定義される関数です．

$$ack(m, n) = \begin{cases} n + 1 & m = 0 \text{ の場合} \\ ack(m-1, 1) & m > 0 \text{ かつ } n = 0 \text{ の場合} \\ ack(m-1, ack(m, n-1)) & \text{それ以外の場合} \end{cases}$$

13.6 整数 x, y, z を受け取り，竹内関数 $tarai(x, y, z)$ を計算するメソッドを作成しなさい．このメソッドを用いて $tarai(12, 6, 1)$ や $tarai(16, 8, 2)$ を計算しなさい．竹内関数とは，次のように定義される関数です．

$$tarai(x, y, z)$$
$$= \begin{cases} y & x \leq y \text{ の場合} \\ tarai(tarai(x-1, y, z), tarai(y-1, z, x), tarai(z-1, x, y)) & \text{それ以外の場合} \end{cases}$$

13.7 1 以上の整数 m, n を受け取り，二つの数の最大公約数を求めるメソッドを作成しなさい．最大公約数 $gcd(m, n)$ は次のように計算することができます．

$$gcd(m, n) = \begin{cases} m & m = n \text{ の場合} \\ gcd(m-n, n) & m > n \text{ の場合} \\ gcd(m, n-m) & \text{それ以外の場合} \end{cases}$$

14 オブジェクト指向
インスタンスを作る

世界で使われている実用的なプログラムでは，さまざまなデータが扱われています．

ここではパスポートを考えてみましょう．パスポートには，名前，生年月日，旅券番号（パスポート番号）などのデータが書かれています．ではこれをプログラムで表現することを考えてみましょう．名前，生年月日，旅券番号（パスポート番号）をデータとして扱うことになります．これらは別々の変数に入れればよいのでしょうか？　いいえ，A さんのパスポートの情報は一つにまとめて管理したいですし，それは B さんのパスポートの情報とは区別して格納しなければいけません．

このようなデータを扱う方法として Java には**オブジェクト**が用意されています．オブジェクトが扱える言語を一般に**オブジェクト指向言語**とよびますが，Java は代表的なオブジェクト指向言語でもあります．

14.1 クラスとインスタンス

パスポートを例に考えてみましょう．A さんのパスポートには，A さんの名前，生年月日，旅券番号が書かれています．B さんのパスポートにも同様に，B さんの名前，生年月日，旅券番号が書かれています．つまりパスポートそのものの「型枠」は同じです．そこで，型枠と，型枠から作られたデータの実体というものを考えてみましょう．図 14.1 を見てください．

この型枠に相当するものを，Java では**クラス**とよびます．型枠から作られたデータの実体を Java では**インスタンス**，あるいは**オブジェクト**とよびます†．

クラスの作り方ですが，実はいままでのプログラムでも，クラスを知らずに使ってい

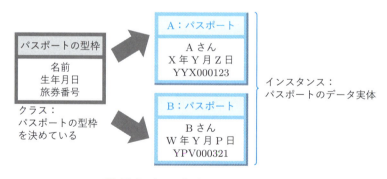

図 14.1　クラスとインスタンスの関係

---

† いままで大雑把にオブジェクトという言葉を使いましたが，この章ではインスタンスという言葉を使います．正確にはクラスもオブジェクトなので，混乱を招くからです．

ました．プログラムの先頭に class と書かれていたアレです．型枠として使うためには，ここに，このクラスから作られるインスタンスがもつ変数を宣言しておきます．パスポートの例でいうと，名前や生年月日などにあたります．この変数のことを**インスタンス変数**，あるいはフィールドとかメンバ変数とよびます†．インスタンス変数を作るためには，以下のように，class の { } の中で，メソッドの外側に変数宣言を書きます．

> **Point　クラスの宣言とインスタンス変数の宣言**
>
> ```
> class クラス名 {
>     public 型名 インスタンス変数名;     // これはインスタンス変数
>
>     public static 型名 メソッド名 () {
>         型名 変数名;                   // これはメソッドで使う変数
>         処理....
>     }
> }
> ```

そう，いままでの変数宣言と同じですが，それがインスタンス変数の場合，class のカッコの直後，つまりメソッドの外側にあるのです．public の部分は，public の代わりに private なども使えますが，いまは public だけ覚えておきましょう．

では，パスポートの例を見てみましょう．パスポートは氏名，生年月日の年，月，日，そしてパスポート番号をインスタンス変数としてもつことにします．

```
class MyPassport {
    public string shimei;
    public int umareNen, umareTsuki, umareHi;
    public string passportNo;
}
```

このクラスからデータの実体を作るためには，new を使います（図 14.2）．

> **Point　インスタンスの作成**
>
> クラス名 変数名 = new クラス名();

パスポートの例で，iizuka さんのパスポート実体を作ってみましょう．MyPassport 型の変数 a の宣言とインスタンスの作成を同時に実行するためには，次のようにします．

```
MyPassport a = new MyPassport();
```

もう気がつきましたか？　見た覚えがありますね．そう，キーボードからのデータ入力のために，おまじないとして new Scanner をしていたアレです．アレは Scanner の

---

† いろいろなよび方がありますが，変数の一種であることを覚えてもらうため，本書ではインスタンス変数というよび方を使います．

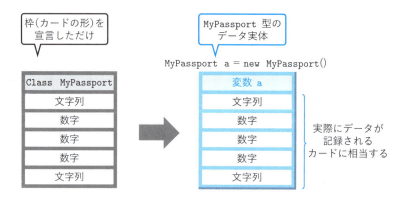

図 14.2 クラスとそのインスタンスの関係

インスタンスを作成し，Scanner 型の変数に代入していたのでした．

さて話を戻して，MyPassport のインスタンスを作って変数 a に代入したら，a に名前や生年月日を登録しましょう．インスタンス変数を設定したり参照したりするためには，インスタンス.インスタンス変数名 という書き方を使います．ここで先頭にあるインスタンスはインスタンスそのものが入っている変数の名前です．

```
a.shimei = "iizuka";
a.umareNen = 2015;
a.umareTsuki = 5;
a.umareHi   = 20;
a.passportNo = "JP12345";
```

なお，Java のインスタンス変数のうち int や double など数値型のものは，何も代入しないとゼロが初期値として設定されます．文字列は参照型なので，何も代入しないと「何もない」状態のままです．

さて，ではここまでのプログラムを実行してみましょう．

例 14.1　パスポートオブジェクト (1)

```java
 1  class MyPassport {
 2      public String shimei;                    // これらはインスタンス変数
 3      public int umareNen, umareTsuki, umareHi;
 4      public String passportNo;
 5  }
 6
 7  public class Reidai1401 {
 8      public static void main(String[] args) {
 9
10          MyPassport a = new MyPassport(); // インスタンス作成
11
12          a.shimei = "iizuka";             // インスタンス変数設定
13          a.umareNen = 2015;
14          a.umareTsuki = 5;
15          a.umareHi = 20;
16          a.passportNo = "JP12345";
17
18          System.out.println("パスポートを作りました: " + a);
19      }
20  }
```

14.1 クラスとインスタンス

実行結果

パスポートを作りました：MyPassport@7852e922　　←@以降は同じにはなりません

うーん，インスタンスは作れました．データ（インスタンス変数）も設定できました．しかし，`println` の結果が何だかわかりませんね．これは，インスタンスをどのように表示するべきなのか指定していなかったからです．インスタンスを表示するためのメソッドを作っておきましょう．今回の場合は，`MyPassport` クラスから作られたインスタンスを処理するためのメソッドを作ります．このようなメソッドを，**インスタンスメソッド**とよびます．

インスタンスメソッドはクラス宣言の中に，`static` をつけずにメソッドを書きます．インスタンスメソッドは，このクラスのインスタンスを介してのみ使うことができます．

```
class MyPassport {
    public String shimei;
    public int umareNen, umareTsuki, umareHi;
    public String passportNo;

    public void display() { // インスタンスメソッド static なし
        System.out.print("Passport " + shimei
                + ", " + umareNen + "年" + umareTsuki
                + "月" + umareHi + "日生 " + passportNo);
    }
}
```

このように宣言されたインスタンスメソッドを呼び出す場合，

> **Point　インスタンスメソッドの呼び出し方**
>
> インスタンス.メソッド名();

という形で呼び出します．先の例では `a.display();` となるわけです．

インスタンスメソッドの中からは，インスタンス変数に代入したり参照したりすることができます．インスタンス変数は，このインスタンスの中のすべてのメソッドからアクセスできるのです．たとえば上の例では，表示するものを引数として渡さずに，直接インスタンス変数を扱っていますね．メソッドの処理が終了しても，インスタンスが存在する限りインスタンス変数は値が保存されます．メソッドの中で宣言されたローカル変数とは違うのです．

では，インスタンスメソッドを用いたプログラム全体を見てみましょう．

例 14.2　パスポートオブジェクト(2)

```
1  class MyPassport {
2      public String shimei;                      // これらはインスタンス変数
3      public int umareNen, umareTsuki, umareHi;
4      public String passportNo;
5
6      public void display() {                    // インスタンスメソッド
```

```
 7              System.out.print("Passport " + shimei
 8                      + ", " + umareNen + "年" + umareTsuki
 9                      + "月" + umareHi + "日生 " + passportNo);
10      }
11 }
12
13 public class Reidai1402 {
14     public static void main(String[] args) { // メイン
15
16         MyPassport a = new MyPassport();      // インスタンス作成
17
18         a.shimei = "iizuka";
19         a.umareNen = 2015;
20         a.umareTsuki = 5;
21         a.umareHi = 20;
22         a.passportNo = "JP12345";
23
24         System.out.println("パスポートオブジェクトを作りました:");
25         a.display();                // インスタンスメソッドの呼び出し
26     }
27 }
```

実行結果

```
パスポートオブジェクトを作りました:
Passport iizuka, 2015 年 5 月 20 日生 JP12345
```

今度はパスポートの中身がきちんと表示されましたね.

Note　メソッドの種類

第 12 章で習ったメソッドには static（スタティック）というキーワードがついていましたが，static をつけることでクラスに直接所属するメソッドになっていました．この static つきのメソッドをクラスメソッドとか静的メソッドとよびます．クラスメソッドはクラス名.メソッド名() という形で呼び出します．インスタンスを作らなくても呼び出せるメソッドです．

これに対し，インスタンスメソッドは，インスタンス.メソッド名() という形で呼び出すので，インスタンスが作られていないと呼び出すことができません．インスタンスメソッドはインスタンス変数にアクセスできますが，クラスメソッドはできません．

Note　public のつくクラス

みなさんがいままで作ってきたプログラムには，public class ClassName という部分がありました．これは，class の前に public がついています．ところが，ここで新たに作っているクラスには，class MyPassport などという形で public がついていませんね．実は，プログラムファイルの中には，public のつくクラスは一つしか書けません．この public がついたクラスの ClassName がファイルの名前にもなっていたと思います．このファイルを代表するクラスという意味です．

14.2　コンストラクタ

さて，インスタンスを作ることができて，その中に複数のデータを保存する方法がわかりました．しかし，インスタンスを作るたびに値を設定するのは少し面倒です．そこで Java には，コンストラクタとよばれる仕組みがあります．インスタンスを作るとき

に自動実行されるプログラムを，メソッドとして宣言できるのです．今回のパスポートの例では，インスタンスを作ると必ず何か値を設定するのですから，インスタンスを「作る」のと「値を設定する」のを同時に実行できるようにしてしまいましょう．コンストラクタのメソッド名はクラス名と同じで，public とクラス名（メソッド名）の間に何も書かないのが特徴です．コンストラクタは引数を設定できます．

Point　コンストラクタ

```
public クラス名(引数) {
    インスタンス作成時の動作を書く；
}
```

MyPassport を作るときに値を設定するコンストラクタは次のようにしてみましょう．

```java
public MyPassport(String na, int nen, int tsuki, int hi, String b) {
    shimei = na;
    umareNen = nen;
    umareTsuki = tsuki;
    umareHi = hi;
    passportNo = b;
}
```

コンストラクタを使ってインスタンスを作る場合，クラス名の後にコンストラクタの引数を渡します．

Point　コンストラクタを使ったインスタンスの作成

```
クラス名 変数名 = new クラス名(コンストラクタの引数);
```

上で作った MyPassport のコンストラクタを使って MyPassport のインスタンスを作るには，new MyPassport("iizuka", 2015, 5, 20, "JP12345"); とします．ではプログラム例で見てみましょう．ずいぶんすっきりしたと思いませんか？

例 14.3　パスポートオブジェクト (3)

```java
 1  class MyPassport {
 2      public String shimei;
 3      public int umareNen, umareTsuki, umareHi;
 4      public String passportNo;
 5  
 6      // コンストラクタ
 7      public MyPassport(String na, int nen, int tsuki, int hi, String b){
 8          shimei = na;
 9          umareNen = nen;
10          umareTsuki = tsuki;
11          umareHi = hi;
12          passportNo = b;
13      }
14  
15      public void display() {
16          System.out.print("Passport " + shimei
17                  + ", " + umareNen + "年" + umareTsuki
```

```
18                      + "月" + umareHi + "日生 " + passportNo);
19     }
20 }
21
22 public class Reidai1403 {
23     public static void main(String[] args) { //  メイン
24
25         MyPassport a = new MyPassport("iizuka", 2015, 5, 20, "JP12345");
26
27         System.out.println("パスポートオブジェクトを作りました:");
28         a.display();
29     }
30 }
```

例 14.1 では，インスタンスを作成した後，インスタンス変数を個別に main の中で設定していて，少し煩雑でした．一方，例 14.3 では，インスタンス変数の設定はコンストラクタだけ，インスタンス変数の参照は display() メソッドだけでした．このように，インスタンス変数の参照や設定を，コンストラクタやインスタンスメソッドだけに限定し，なるべく抽象的な命令（メソッド）でデータを変更したほうが，大規模なプログラムを作るときに間違いが起こりにくくなります．このような考え方を，オブジェクト指向の世界では カプセル化 といいます．カプセル化を促進するために Java には，変数やメソッドが見える範囲を限定する仕組みが備わっています．いままでいろいろな場所に書いていた public がそれです．public の代わりに private を指定すると，そのクラスの中からしかアクセスできなくなります．

名前	説明
public	すべてのクラスからアクセス可能
private	宣言されたそのクラスの中からのみアクセスが可能

public と private のほかに，protected とデフォルト（何も書かない）があります．本書は入門ということもあり，例プログラムのインスタンス変数は public を使っています．

Note `this`

メソッドの中からインスタンス変数を参照するとき，特に「このインスタンスの」インスタンス変数であることを指定する場合，「this.」をつけます．たとえばコンストラクタ MyPassport の引数に string shimei という変数名を使ってしまった場合，shimei がインスタンス変数なのか引数なのか，区別がつかなくなってしまいます．このようなとき，インスタンス変数を this.shimei と指定すると，間違いがなくなります．

14.3 メソッドオーバーライド

例 14.1 でインスタンスを作ったとき，System.out.println メソッドでインスタンスを直接表示しようとすると，何やら意味のない文字列が表示されたと思います．これはどのような仕組みで表示されたのでしょうか．

実は，すべてのインスタンスには，toString() という，そのインスタンス専用のメソッ

14.3 メソッドオーバーライド

ドが用意されているのです．私達が作った MyPassport にも，私達が宣言していないのに，Java がこっそりと toString() を設定していました．そして System.out.println を呼び出すと，Java はこの toString() を使ってインスタンスを文字列に変換し，表示していました．

このデフォルトで用意された標準の toString() を変更すれば，もう少し別の表示ができます．元からあるメソッドを上書きすることを，**メソッドオーバーライド**，あるいは単にオーバーライドとよびます．

toString() は文字列を返すメソッドです．display() メソッドを変更して toString() をオーバーライドしてみましょう．

```java
public String toString() {
    return ("Passport " + shimei
            + ", " + umareNen + "年" + umareTsuki
            + "月" + umareHi + "日生 " + passportNo);
}
```

この MyPassport クラスのインスタンス専用の toString() を使ったプログラム全体を見てみましょう．今回は 2 人のパスポートを作成しました．

例 14.4　パスポートオブジェクト (4)

```java
 1  class MyPassport {
 2      public String shimei;
 3      public int umareNen, umareTsuki, umareHi;
 4      public String passportNo;
 5  
 6      public MyPassport(String na, int nen, int tsuki, int hi, String b){
 7          shimei = na;
 8          umareNen = nen;
 9          umareTsuki = tsuki;
10          umareHi = hi;
11          passportNo = b;
12      }
13  
14      public String toString() { // display を変更して作成．オーバーライド
15          return ("Passport " + shimei
16                  + ", " + umareNen + "年" + umareTsuki
17                  + "月" + umareHi + "日生 " + passportNo);
18      }
19  
20  }
21  
22  public class Reidai1404 {
23      public static void main(String[] args) { // メイン
24  
25          MyPassport a = new MyPassport("iizuka", 2015, 5, 20, "JP12345");
26          System.out.println("パスポートオブジェクトを作りました: " + a);
27  
28          MyPassport b = new MyPassport("oomori", 2015, 8, 5, "JP54321");
29          System.out.println("パスポートオブジェクトを作りました: " + b);
30      }
31  }
```

今回は，println で直接パスポートのインスタンスを表示できましたね．

Note @Override

メソッドのオーバーライドをするとき，オーバーライドをしたことを明確にするためにメソッドの前に @Override を宣言することができます．この @ から始まる宣言をアノテーションとよびます．アノテーションを書くと，プログラムの間違い（綴りの間違いや引数の間違い）を減らすことができます（アノテーションがなくてもプログラムは動作します）．たとえば上のプログラムでは，toString メソッドの宣言を次のように変更します．

```
@Override
public String toString() {
    ⋮ 省略
```

14.4 クラス変数

この章では練習のために，パスポートを模したオブジェクトを作成しました．最後にクラス変数について説明します．

Java では，インスタンスではなくクラスそのものに変数をもたせることができます．インスタンスそれぞれが変数をもつのではなく，クラスが変数をもち，そのクラスのすべてのインスタンスから同じ値を共通に参照できるものです．このような変数を**クラス変数**とよびます．クラス変数は，`static` をつけて宣言します．

Point クラス変数（クラスがもつ変数）の宣言

```
class クラス名 {
    public static 型名 クラス変数名;
}
```

クラス変数は，このクラスのクラスメソッドや，このクラスのインスタンスメソッドからはクラス変数名だけでアクセスできます．

次の例ではクラス変数 pno を使い，インスタンスを作成するときにコンストラクタがパスポート番号を自動的に付与しています．

例 14.5 パスポートオブジェクト (5)

```java
1  class MyPassport {
2      public String shimei;
3      public int umareNen, umareTsuki, umareHi;
4      public String passportNo;
5      public static int pno = 0;           // クラス変数
6
7      public MyPassport(String na, int nen, int tsuki, int hi) {
8          shimei = na;
9          umareNen = nen;
10         umareTsuki = tsuki;
11         umareHi = hi;
12         passportNo = "JP00" + (++pno); // クラス変数を使って連番を作る
13     }
```

```
14
15       public String toString() { // display を変更して作成．オーバーライド
16           return ("Passport " + shimei
17               + ", " + umareNen + "年" + umareTsuki
18               + "月" + umareHi + "日生 " + passportNo);
19       }
20   }
21
22   public class Reidai1405 {
23       public static void main(String[] args) { // メイン
24
25           MyPassport a = new MyPassport("iizuka", 2015, 5, 20);
26           System.out.println("パスポートオブジェクトを作りました: " + a);
27
28           MyPassport b = new MyPassport("oomori", 2015, 8, 5);
29           System.out.println("パスポートオブジェクトを作りました: " + b);
30       }
31   }
```

> **Note** public がついたクラス変数
>
> public がついているクラス変数は，変数が宣言されたクラスの外からでもアクセスすることができます．その場合は クラス名．クラス変数名 という形でアクセスします．そう，見覚えがありますね，System.out などはクラス変数だったのです．

練習問題

以下の6問は，独立した問題ではなく，作ったプログラムを少しずつ発展させる形で使うことができます．見通しよくプログラミングするために，まずはすべての問題文に目を通してから，プログラム作成に取り組んでください．

14.1 分数を表すクラスを作りなさい．分数のインスタンスは，整数の分子と，整数の分母の二つのインスタンス変数をもつものとします．

14.2 分数を表示するためのインスタンスメソッドを作成しなさい．分子が1，分母が2のとき，1/2と表示することにしますが，分子が0ならば単純に0を，分母が1なら単純に分子だけを出力しなさい．また，分子か分母のどちらか一方だけがマイナスなら，マイナス記号も出力しなさい．

14.3 練習問題14.2の表示用メソッドを変更して，toString() を作成しなさい．

14.4 分数を約分するメソッドを作成しなさい．分数を表示するとき，または toString() が呼ばれたタイミングで分数が約分されるように toString() などを変更しなさい．

14.5 分数の足し算をするメソッドを作成しなさい．a と b が分数のインスタンスだったとき，a.add(b) と計算するものとし，計算結果は a とも b とも違う，新しい分数インスタンスが作られるものとします．つまり，メソッドの中で計算結果をもとに新しい分数インスタンスが new されて return されるものとします．

14.6 練習問題14.5の add 同様に，分数の引き算，掛け算，割り算を計算するメソッドをそれぞれ作成しなさい．

15 クラスの継承
より大きなプログラムを作るために

前章では，クラスを作ってインスタンスを作る方法を学びました．このクラスですが，実は既存のクラスを使い，そこに新しい機能を追加することで，あるいは違いだけを記述することで新しいクラスを作ることができます．この機能のことを継承，あるいはインヘリタンスとよびます．ここでは継承について学びましょう．

15.1 継承の方法

既存のクラス A を基にして新たにクラス B を作るためには，次のようにクラスを宣言します．

> **Point** クラスの継承
> ```
> class B extends A {
>     ⋮
> }
> ```

このとき，基になるクラス A をスーパークラスあるいは親クラス，継承して作られるクラス B をサブクラスあるいは子クラスとよびます．

たとえば，次のようなクラスを考えます．CounterA はインスタンス変数 num と，up() というメソッドをもちます．CounterA のインスタンスを作ると，num は自動的に 0 に設定されますが，up() を呼び出すたびに num は一つずつ増加します．

```
class CounterA {
    public int num;

    public int up() {
        num++;
        return num;
    }
}
```

さて，ここで以下のようにクラス CounterB を作ります．クラス CounterB は中身がありませんが，CounterA を継承しています．

```
class CounterB extends CounterA {
}
```

15.1 継承の方法

このクラス CounterB から作られたインスタンス b は，CounterA のインスタンス a とまったく同じ機能をもちます．継承したクラスのインスタンスは，スーパークラスのインスタンスと同じインスタンス変数をもち，同じメソッドをもつのです．次のプログラムの a と b は，まったく同じように動作するということです．

```
CounterA a = new CounterA();
System.out.println("a.up = " + a.up());
CounterB b = new CounterB();
System.out.println("b.up = " + b.up());
```

さて，同じだけではおもしろくありませんね．次にクラス CounterB にだけ機能を追加しましょう．

```
class CounterB extends CounterA {
    public int up10() {
        num += 10;
        return num;
    }
}
```

このようにクラス CounterB を書き換えると，クラス CounterB はクラス CounterA と同じインスタンス変数，同じメソッドに加えて，up10() というもう一つのメソッドをもつことができます．これが CounterA と CounterB の違いになります．

ここではメソッドを追加しましたが，インスタンス変数を追加することも可能です．継承を使うと，このようにスーパークラスを基にして差分だけを追加していくことで，プログラムを作ることができるのです．これは，オブジェクト指向を使ったプログラム開発の特徴の一つです．何か一つプログラムを作って動作を確認したら，この動くプログラムに手を加えることなく，新しい機能を追加したクラスを作っていくことができるのです．この方法を差分プログラミングなどとよぶこともあります．

では，CounterA と CounterB の例プログラムを見てみましょう．

例 15.1 継承を使ったプログラム

```
 1  class CounterA {                        // クラス CounterA
 2      public int num;
 3
 4      public int up() {
 5          num++;
 6          return num;
 7      }
 8  }
 9
10  class CounterB extends CounterA { // クラス CounterB は CounterA を継承
11      public int up10() {              // 差分だけを書く
12          num += 10;
13          return num;
14      }
15  }
16
17  public class Reidai1501 {
18      public static void main(String[] args) { // メイン
```

```
19          CounterA a = new CounterA();          // インスタンス作成
20          CounterB b = new CounterB();
21
22          System.out.println("a.up = " + a.up());
23          System.out.println("a.up = " + a.up());
24
25          System.out.println("b.up   = " + b.up());
26          System.out.println("b.up10 = " + b.up10());
27          System.out.println("b.up   = " + b.up());
28
29      }
30  }
```

実行結果

```
a.up = 1
a.up = 2
b.up   = 1
b.up10 = 11
b.up   = 12
```

intやdoubleの数値型のインスタンス変数は，初期値として自動的にゼロが設定されます．そのためこの例ではnumの初期値は設定していませんが，ゼロです．

継承を使ったプログラムでは，インスタンス変数やメソッドを追加するだけではなく，メソッドを変更することも可能です．次の例は，鳥クラス，すずめクラス，にわとりクラスを作ります．にわとりは鳥を継承しますが，飛べません．そこで鳥クラスに宣言されている「飛べ」というメソッドを隠して，にわとりクラス独自のメソッドを宣言しています（図15.1）．

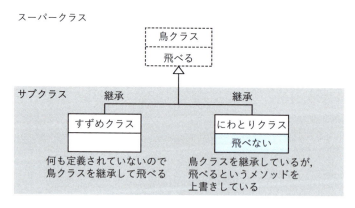

図15.1　クラスの継承関係

例15.2　継承を使ったプログラム(2)

```
1  abstract class Tori {                          // 鳥クラス
2      public void tobe() {
3          System.out.println("パタパタ 鳥は空を飛びます");
4      }
5  }
6
7  class Suzume extends Tori {                    // すずめクラス
```

```
 8
 9   }
10
11   class Niwatori extends Tori {            // にわとりクラス
12       public void tobe() {
13           System.out.println("ばさばさ にわとりは羽ばたいても飛べません");
14       }
15   }
16
17   public class Reidai1502 {
18       public static void main(String[] args) { // メイン
19           Suzume szm = new Suzume();
20           Niwatori ntr = new Niwatori();
21
22           szm.tobe();
23           ntr.tobe();
24       }
25   }
```

実行結果

パタパタ 鳥は空を飛びます
ばさばさ にわとりは羽ばたいても飛べません

　ここでは，鳥クラスは抽象的なものであり，インスタンスを作成するべきクラスは，鳥をより具体化したすずめクラスやにわとりクラスです．そのため，間違えて鳥クラスのインスタンスを作ってしまわないように，鳥クラスには abstract（抽象という意味）のキーワードがつけてあります．この abstract キーワードがなくても，このプログラムは動きます．abstract は，たくさんの人が共同で大きなプログラムを作るときに役立つ，Java の仕組みの一つです．

Note　ポリモーフィズム

　szm.tobe() と ntr.tobe() のように，複数のクラスに同じ名前のメソッドを用意しておいて，メソッド呼び出しは同じだけど処理はクラスごとに違うという場面は，オブジェクト指向ではよく目にする光景です．実は toString() もその一つです．いろいろなクラスに toString() が用意されていて，クラスごとに特有の動作をしています．このような機構を，少し難しい言葉で「ポリモーフィズム」とよびます．

Note　オブジェクト指向

　オブジェクト指向は，大規模なプログラムを（多くの人が協力して）作るときに，プログラムを作りやすくするための方法論の一つです．小さな部品を組み合わせて部品を作り，その部品を組み合わせて大きな部品を作るとき，間違いの発生を抑え，部品を作りやすくするための仕組みがクラスとインスタンス，カプセル化，継承，ポリモーフィズムなどの概念なのです．本書は入門用教科書の位置付けなので，Java のすべてのパワーを解説できませんが，Java にはまだまだいろいろな機能が備わっています．

練習問題

15.1　地上を移動する乗り物クラスと，そのサブクラスである乗用車，トラック，バイク，自転車クラスを作りなさい．

(a) コンストラクタの中で，乗車定員を表すインスタンス変数を自動的に設定するように各クラスを変更しなさい（自転車は 1，バイクは 2，乗用車は 5，トラックは 3 などに設定するとよいでしょう）．
(b) 1 人が乗りこむ `noru()` メソッドを作りなさい．ただし，定員を越えて乗ることができないように工夫しなさい．
(c) 1 人が降りる `oriru()` メソッドを作りなさい．ただし，乗車人員がマイナスにならないように工夫しなさい．
(d) タイヤの数を返す `numOfTire()` メソッドを作りなさい．
(e) エンジンをもっているかを問う `haveEngine()` メソッドを作りなさい．

15.2 空を飛ぶ乗り物クラスと，そのサブクラスを作り，各種の問い合わせメソッドを作りなさい．サブクラスとしては，4 人乗り小型飛行機，定員 100 人以上の旅客機，4 人乗りのヘリコプター，動力のないグライダー，熱気球，未知の動力の UFO など，いろいろな乗り物を自分で考えて設定しなさい．

16 ファイル入出力
実用的プログラム入門

コンピュータで処理するべきデータが増えてくると，毎回入力データをキーボードから手で打ち込むのは面倒です．そのため，実用的なプログラムでは，一般的に，何度も使うデータや大量のデータはコンピュータ上にファイルとして記録しておきます．たとえば，電話帳，成績表などはファイルの形で記録しておくべきものです．ファイルにデータを記録しておくことにより，プログラムを終了させたりコンピュータの電源を切ったりしても，データが消えなくなります．

ファイルを扱うために，ここでは，データをプログラムからファイルに出力する方法と，データをファイルから入力する方法について学びましょう．

16.1 try-with-resources

ファイルへの出力やファイルからの入力をまとめて，ファイル入出力とよびます．ファイル入出力を行うプログラムでは，プログラムが正しくてもエラーが起こることがあります．指定されたファイルが存在していなかったとか，ファイルを書き込もうとしたけど書き込み不可の設定がされていたなど，プログラム以外の原因がたくさんあるからです．このようなエラーを例外とよびます．Java では，ファイル入出力の例外に対処するための構文 try-with-resources が用意されています．Java でファイル入出力を扱う場合，この構文を使わなければいけないことになっています．

try-with-resources の使い方は簡単です．ファイルの入出力を行うプログラムの一部を try (...) { ... } で囲めばよいのです．最初の (...) には，リソースとよばれる，ファイル入出力で使うインスタンスの作成処理を書きます（リソースについては，16.2 節以降で具体的に学びます）．次の { ... } には，ファイルの入出力を行う部分を書きます．try の { } を閉じた直後には，catch (Exception e) { ... } を書く必要があります．try の { } の中で例外が発生した場合，catch まで飛んできて，例外に対応するために catch の後の { } の中が実行されます．このとき，例外の原因は Exception 型変数の e を調べるとわかります．例外が発生しなければ，catch の後の { } の中は実行されません．

> **Point** try-with-resources による例外への対応方法
>
> ```
> try(リソース){
>     例外が発生する可能性のある処理
>   } catch (Exception e) {
> ```

```
    例外への対応
}
```

catch の中の処理としてシンプルなものは，エラーメッセージを出力するものです．最初は，次の形を覚えておけばよいでしょう．

```
try (リソース){
    例外が発生する可能性のある処理
} catch (Exception e) {
    System.out.println(e);
}
```

本書では扱いませんが，catch の部分は，発生した例外ごとに処理を分ける方法もあります．

16.2 ファイルへの出力

それではファイルへの出力方法を学びましょう．ファイルへのデータ出力には，PrintWriter というものを使います．そのためには，次の一連の手順でプログラムを作成してください．この手順でファイルに出力を行うと，出力先のファイルが存在しなければ新たに作られ（新規保存），すでに出力先のファイルが存在すれば上書きされます（上書き保存）．

1. import 文を追加します．
   次の行をプログラムの先頭に追加してください．

   ```
   import java.io.PrintWriter;
   ```

   Scanner を使う場合は，import java.util.Scanner; も忘れないように．

2. try〜catch を書きます．
   try の前には，ファイルの入出力に直接関係しない部分を書きます．try〜catch の中には，ファイル入出力処理を行う部分を書きます．

3. PrintWriter のインスタンスを作成します．
   画面に出力するには System.out を使いました．ファイルへの出力では，System.out の代わりにファイル名を指定して PrintWriter のインスタンスを作成します．これがファイル出力に使われるオブジェクト，すなわちリソースとよばれる部品です．これを try のすぐ後の ( ) に入れて書きます．

   ```
   try(PrintWriter pw = new PrintWriter("text.txt")) {
   ```

4. println または print を使って，ファイルにデータを書き出します．
   作成した PrintWriter を指定して println や print をすれば，ファイルにデー

16.2 ファイルへの出力

タが書き込まれます.

```
pw.println("これはテストです.");   // pw は上で作った PrintWriter
```

以上をまとめておきましょう.

Point ファイルへの出力

```
try (PrintWriter pw = new PrintWriter(ファイル名)) {
    // try 構文と PrintWriter 作成
    pw.println("データを書き込む"); // データの書き込み
} catch (Exception e) {              // 例外の捕捉
    System.out.println(e);           // エラーメッセージ出力
}
```

Note close 処理

少し古い Java の本の場合，ファイル出力が終わった後に close を呼び出して終了処理をしなければいけないと書かれていました．close 処理は書き忘れられることが多かったのです．本書で用いている try-with-resources では，ファイル入出力処理の終了後に try の後のカッコの中で作った部品（リソース）が自動的に終了処理されます．このおかげで close を書く必要がなくなりました．

それではファイルへの出力プログラムの例を見てみましょう.

例 16.1 ファイルへの出力

キーボードから 3 行の文字列を読み込み，それをファイルに出力するプログラムを作成しなさい.

```
1  import java.io.PrintWriter;        // この行の追加を忘れないこと
2  import java.util.Scanner;
3  public class Reidai1601 {
4      public static void main(String[] args) {
5          String data;
6          Scanner sc = new Scanner(System.in);
7          System.out.print("ファイル名を入力してください>> ");
8          String fileName = sc.next(); // ファイル名をキーボードから入力
9          try (PrintWriter pw = new PrintWriter(fileName)){
10             // PrintWriter 作成
11             for (int i = 0; i < 3; i++) {
12                 System.out.print("ファイルに書き込む内容>> "); // 画面に出力
13                 data = sc.next();    // キーボードから入力
14                 pw.println(data);    // ファイルに出力
15             }
16         } catch (Exception e) {      // 例外の捕捉
17             System.out.println(e);
18         }
19     }
20 }
```

122　第16章　ファイル入出力

```
実行結果
ファイル名を入力してください>> test.txt [Enter]
ファイルに書き込む内容>> uni           [Enter]
ファイルに書き込む内容>> ikura         [Enter]
ファイルに書き込む内容>> shimesaba     [Enter]
```

実行によって作成されたファイルの内容は次のとおりです．

```
ファイル：test.txt
uni
ikura
shimesaba
[eof]
```

ここで，[eof] はファイルの最後という意味です．ファイルを閲覧しても目で見ることはできません．

　ファイルが作られるフォルダは，Javaの実行環境により異なります．プログラムが正常に動いているのにファイルが作られていないと勘違いしないよう，ファイルがどこに作られるのかよく確認をしましょう．

　Javaの実行環境によっては，ファイル名に漢字やひらがな，空白などを使うと，ファイル入出力がうまく動作しないことがあります．なるべくファイル名は英数字にしましょう．

　Windowsで実行する場合は，ファイルの名前は必ず .txt で終わるようにしましょう．.txt は自動ではつきません．Windowsの場合.txtをつけておけば，出力されたファイルはダブルクリックにより開くことができます．このときに起動するのが，Windowsのメモ帳というテキストエディタです．注意したいのは，ファイルを閲覧する場合，内容を確認したら速やかにメモ帳を閉じることです．よく間違えるのが次のパターンです．

　　　　プログラム実行→ファイルが作られる→メモ帳で作られたファイルを閲覧
　　　　→プログラムを修正し再度プログラムを実行
　　　　→なぜでしょう，ファイルが書き直されていません．

　どこがいけないかわかりますか？　実はファイルは書き直されているのです．しかしメモ帳は，一度閉じて開き直さないと新しい内容を表示しません．そのため，ファイルの内容を閲覧するとき，メモ帳はこまめに閉じるべきなのです．

Note　ファイルへの追加

　本書で扱うファイル出力は，最も簡単な方法を使っています．Javaには，既存のファイルの最後にデータを追加する機能や，文字コードを指定して出力する方法も準備されています．それらの機能を使うためには，PrintWriterを直接作るのではなく，FileWriterやOutputStreamWriterなどのオブジェクトを作ってからPrintWriterを作るという，やや複雑な手順を踏まなければいけないため，本書では説明をしていません．

16.3 ファイルからの入力

ファイルからプログラムにデータを入力する方法も，Java にはいくつか用意されています．本書ではいままで，キーボードからの入力を得るために Scanner を使ってきましたので，ファイルからの入力にも Scanner を使うことにしましょう．

ファイルからの入力は，キーボードからの入力と同様に next() や nextInt() が使えますが，ファイルへの出力のときと同じく，次のように多少の準備が必要です．

1. `import` 文を追加します．
   次の 2 行をプログラムの先頭に追加してください．

   ```
   import java.io.File;
   import java.util.Scanner;
   ```

2. `try〜catch` を書きます．
   例外への対処をプログラムに書いておきます．具体的には，ファイル出力のときと同じように，ファイル入出力処理を行う部分を `try〜catch` で囲みます．

3. `Scanner` のインスタンスを作成します．
   ファイル出力と同様に，try のすぐ後の ( ) に，ファイル入力で使うオブジェクトの作成処理を書きます．キーボードからの読み込みのために Scanner を作ったときには，System.in という引数を指定しました．ファイルのときは，File クラスのオブジェクトを渡して Scanner を作ります．test.txt は今回読み込むファイルの名前です．

   ```
   File file = new File("test.txt");        // File オブジェクト作成
   try (Scanner sf = new Scanner(file) ){ // Scanner 作成
       ....
   }
   ```

4. 作成した `Scanner` からデータを読み込みます．たとえば次のようにします．

   ```
   String s = sf.next();     // sf は上で作った Scanner
   int x = sf.nextInt();
   ```

5. ファイルの最後を検出するためには `hasNext()` を使います．
   ファイルの中のデータをすべて読み込むためには，while 構文を使って「ファイルの最後まで読み込む」というプログラムを作るのが一般的です．そのためには「ファイルの最後かどうか」を調べる必要があります．このファイルの最後を調べるために，Scanner には hasNext() が用意されています．hasNext() が true なら，まだ読むべきデータがあるということですし，hasNext() が false なら，もう読むべきデータがないということです．これを使って，while 文を次のように書くことができます．

```
while (sf.hasNext()) { // ファイルの最後まで繰り返し
    data = sf.next();  // sf は上で作った Scanner
}
```

これをまとめると次のようになります．

> **Point　ファイルからの入力**
> ```
> File file = new File(ファイル名);         // ファイルの用意
> try (Scanner sf = new Scanner(file)){ // Scanner の作成
>     while (sf.hasNext()) {            // ファイルの最後まで繰り返し
>         data = sf.next();             // ファイルから読む
>     }
> } catch (Exception e) {               // 例外の捕捉
>     System.out.println(e);            // エラーメッセージの出力
> }
> ```

それでは，ファイルからの入力の例を見てみますが，以下のプログラム例では，data1.txt などのテキストファイルをあらかじめ作成しておく必要があります．漢字やひらがなを含むファイルを保存するときは，必ず文字コードに UTF-8 を指定してください．逆に，数字やアルファベットだけのファイルを保存するときには，UTF-8 を指定せず，ANSI にしてください．

例 16.2　ファイルからの入力

以下のファイル data1.txt を読み込み，表示するプログラムを作成しなさい．data1.txt に書かれている内容は，いろいろと変更して試すことが望ましいです．

ただし，ファイル data1.txt はあらかじめ自分で作っておいてください．eof はファイルの最後という意味なので，入力する必要はありません．

```
ファイル：data1.txt
目玉焼き
たこ焼き
すき焼き
eof
```

```
 1  import java.io.File;
 2  import java.util.Scanner;
 3  public class Reidai1602 {
 4      public static void main(String[] args) {
 5          String fileName, data;
 6          Scanner sc = new Scanner(System.in);
 7          System.out.print("ファイル名を入力してください>> ");
 8          fileName = sc.next();            // キーボードからファイル名を読む
 9          File file = new File(fileName);  // ファイルの用意
10          try (Scanner sf = new Scanner(file) ){ // Scanner の用意
11              while (sf.hasNext()) {       // ファイルの最後まで
12                  data = sf.next();        // ファイルから読む
```

```
13                    System.out.println(data);
14            }
15        } catch (Exception e) {          // 例外の捕捉
16            System.out.println(e);
17        }
18    }
19 }
```

実行結果

```
ファイル名を入力してください>> data1.txt [Enter]
目玉焼き
たこ焼き
すき焼き
```

入力ファイル data1.txt の指定には気をつけてください．ファイル data1.txt をどのフォルダに置くべきかは Java の実行環境により異なります．

上記の例プログラムが漢字やひらがなだけをうまく読み込めないときは，ファイルが UTF-8 で保存されていることを確認してください．どうしても SJIS のまま処理したい場合，Scanner を作るところを

```
Scanner sf = new Scanner(file, "MS932");
```

と変更してください．

> **Note** **SJIS**
>
> Java が扱うファイルの文字は，世界統一の Unicode（ユニコード）という形式です．日本だけで通じる SJIS ではありません．そのため，Java は日本語を含むファイルを読み込むとき，ファイルが Unicode 形式の UTF-8 で記録されたファイルだと想定して読み込みます．しかし，古いバージョンの Windows はファイルを作るときに SJIS を使いたがります．漢字やひらがなを含むファイルが SJIS であることを Java に知らせるためには，MS932 を指定する必要があるのです．

16.4　1 行に複数のデータがある場合

　ファイルの中には，1 行に複数のデータが書かれていることもあります．このような場合，Scanner の next()，あるいは nextInt() などは，一つずつ順番に読み込んでくれます．たとえば，ファイルの中に，次のように空白で区切られた複数の数字が書かれているものとします．

```
12   24   31   90
32   1    88   54
```

nextInt() を呼び出すたびに，最初から一つずつ読み込むことが可能です．次の例プログラムで使い方を確認しましょう．

例 16.3　数値の合計

次のデータが入ったファイルを読み込み，各行ごとの合計を計算するプログラムを作成しなさい．ただし1行に書かれている数値は三つですが，何行あるかはわからないものとします．

```
ファイル：data2.txt
10 20 30
50 60 70
eof
```

```java
1  import java.io.File;
2  import java.util.Scanner;
3  public class Reidai1603 {
4      public static void main(String[] args) {
5          String fileName;
6          Scanner sc = new Scanner(System.in);
7          System.out.print("ファイル名を入力してください>> ");
8          fileName = sc.next();                    // キーボードからファイル名を読む
9          File file = new File(fileName);          // ファイルの用意
10         try (Scanner sf = new Scanner(file)){   // Scanner の用意
11             while (sf.hasNext()) {              // ファイルの最後まで
12                 int wa = 0;                     // 合計を計算するための変数
13                 for (int i = 0; i < 3; i++) {   // 1 行に三つだから
14                     wa += sf.nextInt();         // 3 回読む
15                 }
16                 System.out.println("合計: " + wa); // 出力
17             }
18         } catch (Exception e) {                 // 例外の捕捉
19             System.out.println(e);
20         }
21     }
22 }
```

実行結果

```
ファイル名を入力してください>> data2.txt
合計: 60
合計: 180
```

16.5　ファイルから大量のデータを読み込む◆

コンピュータを使って，より実践的なデータ処理を行うためには，オブジェクトの配列を使うとよいでしょう（図 16.1）．列ごとに文字列だったり数字だったりする表の1行分のデータを，インスタンス一つに対応させます．そしてこのインスタンスを配列で管理することで，複数の行をもつ表を扱うことができます．

16.5 ファイルから大量のデータを読み込む　127

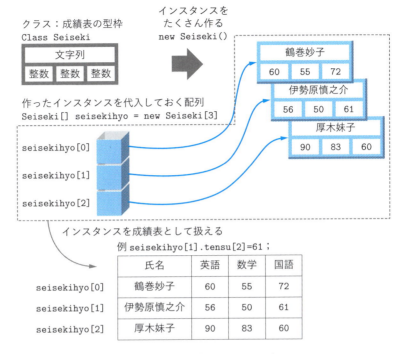

図 16.1　オブジェクトの配列

次のプログラムは複雑なファイルを読み込む例です．

例 16.4　成績ファイル

以下のファイル seiseki.txt を読み込むプログラムを作成しなさい．ただし，seiseki.txt に書かれている三つの数字は英語，数学，国語のテストの点数とします．読み込まれた各自の成績からオブジェクトの配列を作り，適切に表示することとします．また，成績表に書かれているデータは 10 人分以下と仮定します．

```
ファイル：seiseki.txt
鶴巻妙子 60 55 72
伊勢原慎之介 56 50 61
厚木妹子 90 83 60
eof
```

```java
 1  import java.io.File;
 2  import java.util.Scanner;
 3  class Seiseki{ // 各自の成績を記憶するオブジェクト
 4      public static final int KAMOKUSU = 3;   // 科目数
 5      public static String[] kamokumei = { "英語", "数学", "国語" };
 6      public String shimei;                   // 氏名
 7      public int[] tensu;                     // テストの点数
 8  
 9      public String toString() { // Seiseki を表示するときに使うメソッド
10          String ret;
11          ret = shimei;
12          for (int i = 0; i < KAMOKUSU; i++) {
13              ret = ret + " " + kamokumei[i] + ": " + tensu[i];
14          }
```

```
15          return ret;
16      }
17
18      public Seiseki(String s, int a, int b, int c) { // コンストラクタ
19          tensu = new int[KAMOKUSU];
20          shimei = s;      // 引数で与えられた氏名をセットする
21          tensu[0] = a;    // 同様に点数をセットする
22          tensu[1] = b;
23          tensu[2] = c;
24      }
25  }
26
27  public class Reidai1604 {
28      public static void main(String[] args) {        // メイン
29
30          final int NINZU = 10;                       // 人数最大値
31          Seiseki[] seisekihyo = new Seiseki[NINZU];  // オブジェクトの配列
32          String fileName, shimei;
33          int a, b, c;
34          Scanner sc = new Scanner(System.in);
35          System.out.print("ファイル名を入力してください>> ");
36          fileName = sc.next();           // ファイル名をキーボードから入力
37          File file = new File(fileName); // ファイルの用意
38          try (Scanner sf = new Scanner(file)){ // Scanner の用意
39              int n = 0;
40              while (sf.hasNext()) {      // ファイルの最後まで繰り返し
41                  shimei = sf.next();     // 氏名を読む
42                  a = sf.nextInt();       // 点数を読む
43                  b = sf.nextInt();
44                  c = sf.nextInt();
45                  seisekihyo[n] = new Seiseki(shimei, a, b, c);
46                  n++;
47              }
48              System.out.println("成績表を出力します");
49              for (int j = 0; j < n; j++) {
50                  System.out.println(j + "人目: " + seisekihyo[j]);
51              }
52          } catch (Exception e) {         // 例外の捕捉
53              System.out.println(e);
54          }
55      }
56  }
```

この例では，各自の点数はインスタンス変数の配列 tensu に格納しています．インスタンス変数の配列 tensu は 8 行目で宣言していますが，配列を実際に作るのはコンストラクタの中の 20 行目，つまりインスタンスが生成されたときです．この配列の何番目がどの科目に対応するのかは，6 行目のクラス変数に書いてあります．

Note　CSV ファイル

一般に使われているデータファイルの中には，データとデータの区切りが空白ではなくカンマ「,」を使っているファイルもあります．カンマでデータが区切られたファイルを CSV(comma-separated values) ファイルとよびます．Scanner で CSV ファイルを読み込むためには，useDelimiter() メソッドを使って，区切り文字を変更すればよいでしょう．具体的には，Scanner を new した直後に，次の文を書いておきます．

```
sf.useDelimiter("[\\s]*,[\\s]*");
```

16.6 ファイル入出力同時処理

これまでは，プログラムを介してファイルの入力だけ，またはファイルの出力だけを扱ってきましたが，プログラムとしては複数のファイルを同時に入出力することが可能です．一つ目のファイルを読みながら，データを処理し，その処理結果を二つ目のファイルに書き出すことを考えてみましょう．このとき，入力ファイルからデータを1個（1行）読んだら，それを処理してすぐに出力ファイルに書き込みます．このように1個ずつ処理するなら，出力し終えたデータは変数に残しておかなくてもよいのです．この方法を使うと，ファイルの内容すべてを配列に記憶する必要がないため，メモリを節約することが可能になります[†]．

さて，キーボードやファイルからの入力では，next()やnextInt()を使ってきましたが，これらは空白をデータの区切りとして読み込みました．空白を含む1行を文字列として読み込むときにはnextLine()を使います．

> **Point** 空白を含む1行を文字列として読み込む
>
> nextLine();

次の例は，このnextLine()を使っています．

例 16.5 ファイルコピー

コピー元ファイルの内容を読み込みコピー先ファイルに書き出すことで，ファイルをコピーするプログラムを作成しなさい．

```java
import java.io.File;
import java.io.PrintWriter;
import java.util.Scanner;
public class Reidai1605 {
    public static void main(String[] args) {
        String fileName1, fileName2, data;
        Scanner sc = new Scanner(System.in);
        System.out.print("入力ファイル名を入力してください>> ");
        fileName1 = sc.next();              // キーボードからファイル名を読む
        File file = new File(fileName1);    // ファイルの用意
        System.out.print("出力ファイル名を入力してください>> ");
        fileName2 = sc.next();              // キーボードからファイル名を読む
        try (
            Scanner sf = new Scanner(file); // Scannerの用意
            PrintWriter pw = new PrintWriter(fileName2) ){
            while (sf.hasNext()) {          // ファイルの最後まで
                data = sf.nextLine();       // ファイルからnextLineで1行読む
                pw.println(data);           // コピー先に1行書く
            }
        } catch (Exception e) {             // 例外の捕捉
            System.out.println(e);
        }
```

[†] このように，ファイルからの入力を行いながら処理を行い，結果を順番に出力することを，ストリーム処理（流れの処理）とよぶことがあります．Javaにはストリーム処理を簡単に記述する仕組み (Stream API) も備わっていますが，本書では扱いません．

```
23        }
24 }
```

次の例は単純なコピーではなく，計算も行っています．それでも入力と出力を同時に行うため，読み込んだすべてのデータを記憶しておく必要はありません．

例 16.6　成績処理

以下の seiseki.txt を読み込み，各人の点数の合計点を追加して，別のファイル seisekigokei.txt に出力するプログラムを作成しなさい．ただし seiseki.txt に記録されている科目数は4ですが，何人分の成績（何行のデータ）が書かれているかわからないものとします．配列を使わずに作ってみましょう．

```
ファイル：seiseki.txt
海老名花子 10 80 65 70
相模原太郎 82 11 43 54
箱根慎之介 73 20 13 22
eof
```

```
ファイル：seisekigokei.txt
海老名花子 10 80 65 70 合計 225
相模原太郎 82 11 43 54 合計 190
箱根慎之介 73 20 13 22 合計 128
eof
```

名前，点数は半角スペースで区切るようにしてください．

```
 1  import java.io.File;
 2  import java.io.PrintWriter;
 3  import java.util.Scanner;
 4  public class Reidai1606 {
 5      public static void main(String[] args) {
 6          final int KAMOKUSU = 4;
 7          String fileName1, fileName2;
 8          Scanner sc = new Scanner(System.in);
 9          System.out.print("入力ファイル名を入力してください>> ");
10          fileName1 = sc.next();              // キーボードからファイル名を読む
11          File file = new File(fileName1);    // ファイルの用意
12          System.out.print("出力ファイル名を入力してください>> ");
13          fileName2 = sc.next();              // キーボードからファイル名を読む
14          try (
15              Scanner sf = new Scanner(file); // Scanner の用意
16              PrintWriter pw = new PrintWriter(fileName2) ){
17              while (sf.hasNext()) {          // ファイルの最後まで
18                  String shimei = sf.next();  // 名前の読み込み
19                  pw.print(shimei);           // ファイル出力
20                  int wa = 0;
21                  for (int i = 0; i < KAMOKUSU; i++) {
22                      int ten = sf.nextInt(); // 読み込み
23                      wa += ten;              // 合計計算
24                      pw.print(" " + ten);    // ファイル出力
25                  }
26                  pw.println(" 合計 " + wa);   // 合計点の出力
27              }
28          } catch (Exception e) {             // 例外の捕捉
```

```
29              System.out.println(e);
30          }
31      }
32  }
```

今度は，ファイルに書かれたデータから，条件に合うデータだけを取り出してみましょう．このような操作は，統計データや実験データの分析で頻繁に利用されるものです．次の例は，駅の乗降客数データから条件に合うものだけを取り出しています†．

例 16.7　データの抽出

以下に示す data3.txt というファイルに書かれているデータのうち，行末に書いてある数字が 200 以上の行だけを抽出して，別のファイルに出力するプログラムを作成しなさい．

```
ファイル：data3.txt
新宿 500
代々木上原 255
下北沢 114
登戸 162
新百合ヶ丘 126
町田 292
相模大野 129
海老名 148
本厚木 154
eof
```

```
1   import java.io.File;
2   import java.io.PrintWriter;
3   import java.util.Scanner;
4   public class Reidai1607 {
5       public static void main(String[] args) {
6           String fileName1, fileName2;
7           Scanner sc = new Scanner(System.in);
8           System.out.print("入力ファイル名を入力してください>> ");
9           fileName1 = sc.next();              // キーボードからファイル名を読む
10          File file = new File(fileName1);    // ファイルの用意
11          System.out.print("出力ファイル名を入力してください>> ");
12          fileName2 = sc.next();              // キーボードからファイル名を読む
13          try (
14              Scanner sf = new Scanner(file); // Scanner の用意
15              PrintWriter pw = new PrintWriter(fileName2) ) {
16              while (sf.hasNext()) {          // ファイルの最後まで
17                  String ekimei = sf.next();  // 駅名読み込み
18                  int ninzu = sf.nextInt();   // 数値読み込み
19                  if (ninzu >= 200) {         // 条件を調べる
20                      pw.println(ekimei + "   " + ninzu); // 出力
21                  }
22              }
```

---

† この例で用いているデータは，2016 年の小田急電鉄小田原線 1 日平均乗降人員より一部抜粋したものです．単位は千人です．
http://www.odakyu.jp/company/business/railways/users/ （2018 年 5 月参照）

```
23            } catch (Exception e) {              // 例外の捕捉
24                System.out.println(e);
25            }
26        }
27    }
```

練習問題

16.1 キーボードから名前と住所を入力すると，次の例のようにファイルに出力するプログラムを作成しなさい． ▶ 例 16.1

> **実行例**
> 氏名：西郷隆盛
> 住所：鹿児島県鹿児島市加治屋町 5 丁目

16.2 掛け算九九の表を画面とファイルに出力するプログラムを作成しなさい． ▶ 例 5.6

16.3 キーボードから五つの実数を入力すると，それら五つの数と合計，平均を画面とファイルに出力するプログラムを作成しなさい．

16.4 1 以上 100 以下の乱数を繰り返し生成し，ファイルに出力するプログラムを作成しなさい．ファイルには 1 行に 10 個の数を書き，全部で 50 行出力すること．

16.5 右の例のように，四つの実数が書かれたファイルを読み込み，その四つの数値，合計，平均を画面に出力するプログラムを作成しなさい． ▶ 例 16.2

> ファイル：data1.txt
> 5.5 8.2 6.3 1.9
> eof

16.6 複数の整数が書かれたファイルを読み込み，それらの数の合計と平均を画面に出力するプログラムを作成しなさい．ただし，数字は 1 行に一つですが，何行あるかはわからないものとします． ▶ 例 16.3

16.7 右の例のように，1 行に三つの整数が書かれたファイルを読み込み，1 行読むたびにその三つの数値，合計，平均を画面に出力するプログラムを作成しなさい．ただし，1 行に書かれている数値は三つですが，何行あるかはわからないものとします． ▶ 例 16.3

> ファイル：data2.txt
> 13 21 72
> 92 8 17
> 63 0 100
> eof

16.8 右の例のように，1 行に英文が書かれたファイルを読み込み，その英文と，その中に含まれている大文字の個数，小文字の個数，空白の個数を表示するプログラムを作成しなさい．
ヒント ▶ データの読み込みには 16.6 で説明する nextLine() を使うとよいでしょう．

> ファイル：data3.txt
> Welcome to Java World.
> eof

16.9 右の例のように，四つの数値が書かれたファイルを読み込み，その四つの数値と合計，平均を別のファイルに出力するプログラムを作成しなさい． ▶ 例 16.6

> ファイル：data4.txt
> 5.5 8.2 6.3 1.9
> eof

練習問題

16.10 右の例のように，1 行に三つの整数が書かれたファイルを読み込み，各行ごとにその三つの数値と合計，平均を別のファイルに出力するプログラムを作成しなさい．ただし 1 行に書かれている数値は三つですが，何行あるかはわからないものとします．▶例 16.6

```
ファイル：data5.txt
13 21 72
92 8 17
63 0 100
[eof]
```

16.11 右の例のように，1 行に名前と，国語，数学，英語の点数が書かれたファイルを読み込み，3 教科の合計点数が最大の人の名前と各教科の点数，合計点数を別のファイルに出力するプログラムを作成しなさい．ただし 1 行に書かれている点数は三つですが，何行あるかはわからないものとします．また，合計の最高得点をとった生徒が 1 人とは限らないものとします．

```
ファイル：data6.txt
ジョン万次郎 13 21 72
本居宣長 92 8 17
関孝和 63 100 0
[eof]
```

16.12 練習問題 16.11 の data6.txt のように，1 行に名前と，国語，数学，英語の点数が書かれたファイルを読み込み，国語の最高得点をとった人，数学の最高得点をとった人，英語の最高得点をとった人の名前をファイル kekka.txt に出力するプログラムを作成しなさい．ただし，1 行に書かれている数値は三つですが，何行あるかはわからないものとします．また，各教科の最高得点をとった生徒が 1 人とは限らないものとします．

16.13 右の例のように，複数の行にわたって英文が書かれたファイルを読み込み，そのファイル全体の英文と，その中に含まれている大文字の個数，小文字の個数，空白の個数，記号の個数を別のファイルに出力するプログラムを作成しなさい．データの読み込みには `nextLine()` を使うとよいでしょう．英文テキストは，インターネットなどから探してきてもかまいません．

```
ファイル：data7.txt
Hi there!
Can I have a OKONOMIYAKI?
Yes sure. Anything else?
[eof]
```

付録A　課題に挑戦

この章には少し複雑な課題を載せておきます．勉強したことを使ってチャレンジしてみましょう．

A.1　三角形が成立する条件

課題　三つの辺の長さを入力し，入力された3辺で三角形を作れるかどうか判定するプログラムを書きなさい．

解説　この課題は if 文まで勉強してあれば作ることができます．

たとえば 1, 2, 3 の三つでは三角形は作れませんが，2, 2, 3 ならば三角形になります．入力される三つの数は，大きさと順番は関係ないものとします．たとえば一番大きな数が最初に入力されるとは限りません．

```
実行例 1
三つの整数を入力してください．
一つ目>> 12 [Enter]
二つ目>> 1 [Enter]
三つ目>> 13 [Enter]
三つの数　12　1　13　では三角形は作れません．
```

三角形ができる場合，それが正三角形，二等辺三角形，直角三角形，直角二等辺三角形などだった場合は，そのように表示するようにプログラムを変更してみましょう．

```
実行例 2
三つの整数を入力してください．
一つ目>> 3 [Enter]
二つ目>> 5 [Enter]
三つ目>> 4 [Enter]
三つの数　3　5　4　で直角三角形ができます．
```

直角二等辺三角形の判定は，プログラムとしては作ることができるでしょう．ただしそのような3辺の長さを入力するのは難しいかもしれません．それはなぜでしょうか？考えてみましょう．

A.2　素数の判定

課題　1. キーボードから整数 n を読み込み，それが素数であるかどうか判定するプログラ

ムを作成しなさい．

非常に簡単に考えるならば，n が与えられたときに n を 2 から $n/2$ までの数で割って，余りが 0 になることがあれば，n は素数ではないと判定できます．

もう少し別の方法もありますので，自分で調べてみましょう．この課題は if 文と繰り返し文で作ることができます．

2. 3 桁の回文素数をすべて発見し，出力するプログラムを作成しなさい．回文素数とは，151 のように前から読んでも後ろから読んでも同じ素数になる数のことです．

3. 1 から 1000 までの間に素数はいくつあるでしょうか．10001 から 11000 までの間に素数はいくつあるでしょうか．さらに 1000001 から 1001000 までの間に素数はいくつあるでしょうか．このように，いろいろな範囲にある素数の数を調べるプログラムを作ってみましょう．

実行例

```
1 から 1000 までの素数の数は    xx 個
1001 から 2000 までの素数の数は  xx 個
2001 から 3000 までの素数の数は  xx 個
       :
   (続く)
```

A.3 じゃんけんゲーム

課題 コンピュータとじゃんけんをするプログラムを作りなさい．あなたの手はキーボードから数字で入力し，コンピュータの手は乱数で決めるものとします．

解説 与えられた課題はこれだけです．自分でいろいろな工夫をして，楽しいプログラムを作ってみましょう．この課題は if 文と繰り返し文と乱数さえ知っていれば作ることができます．配列やメソッドまで勉強した後なら，さらに工夫できるでしょう．

実行例

```
コンピュータとじゃんけんをしよう！
 行きますよ！     じゃんけん！
 (あなたの手を数字で入力してください 0: ぐー  1: ちょき  2: ぱー)
あなた>> 1 Enter
あなたは ちょき   コンピュータは ぐー   コンピュータの勝ち
もう 1 回実行しますか？ (yes/no)
```

発展課題の例

1. あいこの場合は，再度勝負するように作ってみましょう．
2. どちらかが 3 回勝つまで続ける 3 回勝負を作ってみましょう．
3. 数字の 0,1,2 以外が入力されたら，入力をし直すようにプログラムを作りましょう．
4. 勝敗の判定にあなたは if 文をいくつ書きましたか？ 組み合わせ $3 \times 3 = 9$ 回ですか？ もっと少ない回数で場合分けをする方法を考えてみましょう．or を意味す

る||を使えば if 文そのものは減らせそうですね．％を使う方法はないでしょうか．もっといろいろな方法があるはずです．if 文や switch 文を 1 回も使わない方法を考えつけるかもしれません．

5. 勝敗を点数表に記録して，表示できるようにしてみましょう．
6. グリコが遊べるようにしてみませんか．
7. もっともっといろいろな工夫をしてみましょう．

A.4　さいころの作成

課題　乱数を使って，さいころを作りなさい．

解説　単純には 1～6 を画面に表示するだけです．与えられた課題はこれだけなので，これも自分でいろいろな工夫をして，楽しいプログラムを作ってみましょう．この課題は，if 文と繰り返しと乱数さえ知っていれば作ることができます．メソッドを勉強した後なら，さらに簡単に楽しいプログラムが書けるでしょう．

実行例

```
<<コンピュータ サイコロ>>
出た目は：6
```

もちろんこれだけではつまらないですね．ならば，結果が出るまでに，ほんの少し待たせるプログラムにしてみましょう．結果を表示させる直前に，次の文を書いてみましょう．

```
try {
    Thread.sleep(500);
} catch (InterruptedException e) {
}
```

どうでしょうか．Thread.sleep(500); は，実行を 500 ミリ秒，つまり 0.5 秒待たせるメソッドです．try とか catch とか書かれているのは，エラーが発生してしまったときのためのおまじないだと思っておいてください．

まだ工夫の余地がありますね．たとえばさいころがコロコロ転がる様子を画面に出してみませんか？

実行例 2

```
<<コンピュータ サイコロ>>
 3 コロ
     4 コロ
         1 コロ
             6 コロ ピタ
             2 が出ました
```

途中経過も，少し時間間隔を調整しながら表示してみましょう．あれ，まだおかしい

ですね．さいころが転がる過程で，3 の次に 4 の目が表に出ることはないはずです．3 の次に 3 が出ることもないはずです．プログラムを調整してみましょう．

さらにさらに工夫して，目の表示を次のようにしたらどうでしょうか．

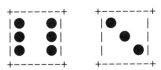

まだまだ工夫の余地がありそうですね．

A.5　コンピュータ占い

課題　乱数を使い，適当な占いを出力するプログラムを作成しなさい．

解説　ここでいう「占い」とは，乱数を使って適当なメッセージをそれらしく表示するプログラムのことです．星座の判定くらいは工夫して作ってみましょう．さらに乱数を使って，いろいろなメッセージを出力できるように工夫しましょう．

```
実行例

<<コンピューター占い>>
あなたの生まれた月を入力してください>>    5 Enter
あなたの生まれた日を入力してください>>   20 Enter
5 月 20 日生まれ　おうし座　のあなたの今日の運勢は
総合運勢　☆☆☆☆　　今日は人に頼りにされそうです
金運　　　☆　　　　　衝動買いに注意しましょう
勉強運　　☆☆☆　　　今日は Java プログラミングの勘が冴えるはずです
ラッキーアイテム　　　マウス
```

A.6　あなたの xxx 度チェック

課題　あなたの得意な分野を選び，その分野の専門知識を問う Q&A プログラムを作ってください．

解説　コンピュータがなげかける質問に，0 か 1 を入力して答えていくと，最後に判定が出るようなプログラムを作ってみましょう．

```
実行例

<<あなたの埼玉県民度チェック>>
次の質問に答えてください：
   Q：自転車があればどこまででも行けると思う（yes なら 1 no なら 0)>> 1 Enter
   Q：人形と言えば岩槻だ　（yes なら 1 no なら 0)>> 1 Enter
   Q：今日のおやつはお煎餅だ　（yes なら 1 no なら 0)>> 0 Enter
      :
      :
   （質問はまだ続きますが，紙面の関係で省略します）

判定が出ました．
      判定：　　　　しんちゃんレベル
      おすすめの市：春日部市
      コメント：
      ひたすら平地が続く東武線沿線のお住まいですね．
```

> 埼玉県民だからと言って草加煎餅を食べるわけではないのは当たり前です．
> （... 続く）

質問には yes/no を 1/0 で答えるようにし，yes/no によって判定を変えたり，あるいは判定に伴うメッセージを変えたりしましょう．メッセージは，質問に答えるたびに，文字列を追加するなどしてみましょう．yes/no によって出題される質問が分岐するようにすると，いろいろおもしろいはずです．このような分岐は，メソッドを使うとよいでしょう．

スポーツでも音楽でも趣味でも，その他なんでもかまいません．凝った質問をする凝ったプログラムを作ってみましょう．

A.7 円周率を求める

課題 以下の原理を使って，円周率を計算してください．

原理 乱数により，$0 \leq x < 1$，$0 \leq y < 1$ となる座標 (x, y) を決めます．この座標が次の図の扇形の中に入る確率は，理論上，扇形の面積÷正方形の面積 です．つまり，

$$\frac{扇形の面積}{正方形の面積} = \frac{1 \times 1 \times \pi \times \frac{1}{4}}{1 \times 1} = \frac{\pi}{4}$$

ですね．コンピュータを使って乱数で座標 (x, y) をたくさん生成してみて，そのうち何個が扇形に入るかは，プログラムを作ればすぐに試せます．乱数で座標 (x, y) を作って，$x^2 + y^2 < 1$ を調べればよいのです．

たとえば座標 (x, y) を n 個作り（for 文です），そのうち m 個が $x^2 + y^2 < 1$ を満たしたとすると，円周率は $m \times 4/n$ であると推定できることになります．

n を 1 万とか 10 万とかに設定し，円周率がどのくらい正しく推定できるか試してみましょう．

乱数を使って円周率を計算する方法はほかにもありますので，調べて工夫してみましょう．

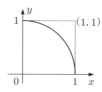

付録B　Javaの重要事項メモ

　この章はJavaの重要事項のメモです．このメモには，本書で扱わなかったJavaの機能も載せてありますが，それでもJavaの全機能ではありません．もっと深く学ぶための手掛かりにしてください．

B.1　基礎

名前

　クラス名には大文字で始まる英数字を使う．定数はすべて大文字を使う．それ以外の変数名やメソッド名は，小文字で始まる英数字を使う．

データ型

データ型	型の名前
整数	byte, short, int, long
実数	float, double
文字型	char
文字列型	String
論理型	boolean

リテラル

- 10進数 整数
  数字の羅列．末尾にLをつけるとlong
- 2進数
  0bから始まる数値
- 16進数
  0xから始まる数値
- 10進数 実数
  Fをつけるとfloat，Dをつけるとdouble
  指数を含む場合 3.14E-4 は 3.14×10^{-4}
- 文字
  シングルクォートで囲む．
- 文字列
  ダブルクォートで囲む．

数の範囲

型の名前	範囲
int	-2,147,483,648 から 2,147,483,647 まで
byte	-128 から 127 の整数
short	-32,768 から 32,767 の整数
long	int よりも有効桁数が大きな整数
float	有効桁数が小さめの浮動小数点数
double	有効桁数が大きめの浮動小数点数

代表的な演算子

　計算と代入の演算子

演算子	説明
=	代入
+	足し算，文字列の結合
-	引き算
*	掛け算
/	割り算
%	割り算の余り
++	インクリメント
--	デクリメント
+=	足し算と代入
-=	引き算と代入
*=	掛け算と代入
/=	割り算と代入

比較演算子

<	比較
>	比較
<=	比較
>=	比較
==	比較

論理演算，ビット演算の演算子

&&	論理式（条件）の AND 結合
||	論理式（条件）の OR 結合
!	論理式（条件）の否定 (NOT)
&	ビットごとの AND 論理式の AND にも使える
|	ビットごとの OR 論理式の OR にも使える
^	ビットごとの XOR
~	ビット反転
<<	ビットシフト左
>>	ビットシフト右
?:	条件演算

代表的な演算子の優先順位 上が高い

( ) [ ]
! ~ ++ キャスト * / %
+ -
<< >>
< <= > >=
== !=
&
^
|
&&
||
= += -= *= /= %=

配列

```
//配列の作成例  二つの書き方が可能
    int[] x = new int[5];
    int x[] = new int[5];
//配列の作成と初期化の例
    int[] x = {1, 5, 2, 9, 0};
//2 次元配列の作成例
    int[][] x = new int[3][5];
//2 次元の配列の作成と初期化の例
    int[][] x = {{1, 2, 3},
                 {4, 5, 6},
                 {7, 8, 9}};
```

B.2 構　文

if 文

```
if (条件) {
    処理
}
else if (条件) {
    処理
}
else {
    処理
}
```

switch 文

```
switch (式) {
    case 値:
        処理
        break;
    case 値:
        処理
        break;
    default:
        処理
}
```

for 文

```
for (int i = 0; i < n; i++) {
    処理
}
```

while 文

```
while (条件) {
    処理
}
```

do〜while 文

```
do {
    処理
} while(条件);
```

その他

```
//繰り返しを途中で止める
    break
```

```
//break の label 指定…指定した繰り返しを停止できる
   label: for( ; ; ) {
      for( ; ; ) {
         break label; // 外側の for を抜ける
      }
   }
//繰り返しの先頭に戻る
      continue
```

B.3 オブジェクト指向

クラスの宣言

class に続けてクラス名を書く．クラス名は大文字から始める．

クラスの中に変数やメソッドを書く．

```
class ClassName {
    public static int 変数名; // クラス変数
    public int 変数名; // インスタンス変数

    public static int 名前 (){
        // クラスメソッド
        処理
    }
    public int 名前 () {
        // インスタンスメソッド
        処理
    }
}
```

static がついた変数はクラス変数であり，クラスメソッドからと，すべてのインスタンスから共通に参照できる．

インスタンスの生成

インスタンスの生成には new を使う．コンストラクタの宣言によっては引数を指定する．

```
ClassName x = new ClassName();
ClassName x = new ClassName(引数);
```

アクセス制御

名前	説明
public	すべてのクラスからアクセス可能
protected	サブクラスと同じパッケージの中からアクセス可能
なし	同じパッケージの中からアクセス可能
private	クラスの中からのみアクセス可能

継承（インヘリタンス）

クラス作成に extends をつける．

```
public class KoClass extends OyaClass {
```

継承したメソッドを上書きするときは，アノテーション @Override を宣言したほうがよい．

```
@Override
public int methodName() {
```

abstract

abstract のついたクラスはインスタンスを作ることができない．継承したサブクラスはインスタンスを作成できる．

```
public abstract class ClassName{
```

abstract クラスでは，実体のない abstract メソッドを宣言できる．

```
public abstract int methodName(引数);
```

abstract メソッドは，これを継承したサブクラスでメソッドの実体を作らなければいけない．

interface

新しいクラスを作る場面において，そのクラスが必ず備えていなければいけない定数やメソッドを指定しておく仕組みがインタフェースである．インタフェースを使うことで，既存のクラスの便利な機能を新しいクラスで使うことができるようになる．

インタフェースは abstract クラス同様に宣言するが，class の代わりに interface を使う．

```
interface インタフェース名{
    int 変数名 1 = 値;
      ⋮
    public int メソッド 1();
      ⋮
    続く
}
```

interfaceの変数はpublic static final 扱いである．インタフェースを実装するクラスは，複数のインタフェースを指定できる．複数のインタフェースを指定する場合は，カンマで区切って並べる．

```
class クラス名 implements インタフェース名1 {
```

コンストラクタ

インスタンスを作った直後に初期化を行うためには，コンストラクタを使う．コンストラクタは，クラス名と同じ名前のメソッドである．

```
public クラス名（引数）{
    インスタンス作成時の処理
}
```

コンストラクタは継承されない．スーパークラスのコンストラクタを使うためには，コンストラクタの先頭にsuper()を書く．

```
public クラス名（引数）{
    super(引数)
}
```

インスタンスが自身を参照するためにはthisを使う．スーパークラスのメソッドなどを参照するためにはsuperを使う．

```
this.インスタンス変数名
this.メソッド名()
super.メソッド名()
```

イニシャライザ

クラスがロードされたとき，クラス変数の初期化などを行うためのコンストラクタ相当の機能が，イニシャライザである．イニシャライザはstatic{}を使って書く．

```
class ClassName {
    static{
        イニシャライザの処理
    }
    その他のメソッドの定義など
}
```

インスタンスにもイニシャライザを作ることができる．イニシャライザはコンストラクタよりも先に処理される．

```
class ClassName {
    {
        インスタンスのイニシャライザの処理
    }
    その他のメソッドの定義など
}
```

final

変数にfinalを指定すると，その変数は変更することができなくなる．すなわち，定数になる．

```
final int N = 100;
```

クラスにfinalを指定すると，そのクラスは継承することができなくなる．

```
final public class クラス名 {
```

メソッドにfinalを指定すると，そのメソッドはオーバーライドすることができなくなる．

```
final public int メソッド名（引数）{
```

可変長引数

可変長引数のメソッドを定義するためには，...を使う．メソッド側には引数が配列で渡される．

```
static hyouji(String ... a){
    for(int i=0; i<a.length; i++){
        System.out.println(a[i]);
    }
}
```

例外

一般的な例外はtryブロックで捕捉する．

```
try{
    処理
} catch(例外クラス 1 obj1){
    例外クラス 1 の処理
} catch(例外クラス 2 obj2){
    例外クラス 2 の処理
} finally{
    後処理
}
```

ファイル入出力の例外処理には `try-with-resources` を使う.

```
try(リソース){
    処理
} catch(例外クラス obj){
    例外クラスの処理
}
```

例外を投げる可能性があるメソッドには `throws` を指定する.

```
public int methodName() throws 例外名{
```

例外を発生させるには `throw` を使う.

```
throw new 例外クラス ();
```

パッケージ

名前空間を分割するためにはパッケージを使う. 新たなパッケージを作る, あるいは何らかのパッケージに属することを宣言するためには, プログラムの先頭に `package` を書く.

```
package 名前;
```

プログラムの中からほかのパッケージのクラスを使う場合, `import` を使う.

```
import パッケージ名;
```

コレクション

Java には, オブジェクトの集合を管理格納するためのクラスとして, コレクションクラスとよばれる各種クラスが用意されている. `java.util.ArrayList`, `java.util.LinkedList`, `java.util.HashMap`, `java.util.TreeMap`, `java.util.LinkedHashMap`, `java.util.HashSet` などがあり, 目的に応じて使い分ける必要がある.

ラッパークラスとジェネリクス

コレクションクラスには, `int` や `double` などの数値を直接格納することができない. これらの数値は, ラッパークラスに包んでから格納する必要がある. ラッパークラスには, `Integer`, `Long`, `Double` などがある.

```
int i = 10;
Integer ii = new Integer(i);
alist.add(ii);
```

コレクションは基本的にどのようなオブジェクトも格納できるが, 作成時に格納するオブジェクトのクラスを限定しなければいけない. クラスの限定には, ジェネリクスとよばれる記述を行う. `<Integer>`の部分がジェネリクスである.

```
ArrayList<Integer> a
    = new ArrayList<Integer>();
alist.add(ii);
```

アノテーション

Java の主なアノテーションには次のものがある.

`@Deprecated` (推奨されないことを示す)
`@Override` (オーバーライド)
`@SuppressWarnings` (警告の抑止)

特別なクラス

クラス宣言の中にクラスを宣言することができる. 内側に定義されたクラスをインナークラスとよぶ.

```
public class ClassName {
    public class NaibuClassName{
```

インナークラスには `static` のついていないメンバークラス, メソッドの中にクラスを宣言して使うローカルクラス, インタフェースを実

装したクラスに名前をつけずに使う無名クラス（匿名クラス）がある．

またこれとは別に static のついたメンバークラスもあるが，これはインナークラスとは違う扱いになる．

ラムダ式

ラムダ式は，メソッドを簡単に記述し，メソッドを変数のように受け渡し可能にする仕組みであり，Java8 から導入された．この教科書の範囲を越えるが，名前だけは覚えておきたい．

B.4 基本ライブラリメソッドリファレンス

配列

以下では，配列の変数 $data$ が用意されているものとする．ただし配列は，数値配列でも文字列配列でもよい．

`Array.sort(`$data$`)`	配列 $data$ をソートする．
$data$`.clone()`	配列 $data$ のコピー．例 `data2 = data1.clone()`
$data$`.length`	配列 $data$ の大きさを得る．例 `int len = data1.length`

文字列

以下では，文字列変数 $str, str1, str2$ が用意されているものとする．

str`.length()`	文字列の長さ．
str`.indexOf(`c`)`	文字列の中に最初に文字 c が出現する位置．存在しなければ-1．
str`.indexOf(`$str2$`)`	文字列の中に最初に文字列 $str2$ が出現する位置．存在しなければ-1．
str`.replace(`c_1, c_2`)`	文字列の中のすべての文字 c_1 を c_2 に置き換えた文字列を返す．
str`.replace(`str_1, str_2`)`	文字列 str の中の文字列 str_1 を str_2 に置き換えた文字列を返す．
str`.substring(`i`)`	文字列 str の位置 i から最後までの部分文字列を返す．
str`.substring(`i, j`)`	文字列 str の位置 i から $j-1$ までの部分文字列を返す．
str`.equals(`str_2`)`	文字列 str と文字列 str_2 が同じかどうか調べる．
str`.split(`c`)`	文字列 str を文字 c で分割した文字列配列を返す．

数学的計算

`Math.abs(`x`)`	絶対値を返す．整数でも実数でも扱える．
`Math.cos(`x`)`	$\cos x$ を計算する．x はラジアンで指定した角度．
`Math.sin(`x`)`	$\sin x$ を計算する．x はラジアンで指定した角度．
`Math.tan(`x`)`	$\tan x$ を計算する．x はラジアンで指定した角度．
`Math.exp(`x`)`	e の累乗を計算する．
`Math.log(`y`)`	自然対数 $\log_e y$ を計算する．
`Math.log10(`y`)`	常用対数 $\log_{10} y$ を計算する
`Math.max(`x, y`)`	x と y のうち，大きいほうを返す．
`Math.min(`x, y`)`	x と y のうち，小さいほうを返す．
`Math.pow(`x, y`)`	x^y を計算する．Java にはべき乗の演算子^はない．
`Math.sqrt(`x`)`	平方根 $\sqrt{x}$ を計算する．
`Math.round(`x`)`	実数 x を，最も近い整数値に丸める．
`Math.random()`	0.0 以上 1.0 未満の乱数を返す．

索引

記号／数字

!	30
!=	30
&&	30
*	8
+	8, 10
++	37, 44
+=	44
-	8
--	44
-=	44
@Override	112
/	8
<	30
<=	30
==	30
>	30
>=	30
||	30
%	8
¥記号	11
¥'	11
¥¥	11
¥n	11
¥t	11
2次元配列	69

英字

abs()	144
abstract	117
Array.sort()	144
boolean	14, 92
break	54, 83
case	83
catch	119
char	14
charAt()	76
class	105
clone()	66, 144
close	121
continue	54
cos()	144
CSVファイル	128
default	84
do-while	53, 56
double	14
else	27
equals()	75, 144
Exception	119
exp()	144
false	92
File	123
final	46
for	36, 56
format()	19
hasNext()	123
if	27
indexOf()	80, 144
(int)	20
int	14
Java	1
length	60, 95, 144
length()	75, 144
log()	144
log10()	144
main	88
Math	88
Math.abs()	33
Math.random()	48
Math.sqrt()	34
max()	144
min()	144
MS932	125
new	105
next()	22, 123
nextDouble()	22
nextInt()	22, 123
nextLine()	129
Override	112
package	2
pow()	144
print()	6
println()	6
PrintWriter	120
private	110
public	110
random()	144
replace()	81, 144
return	88, 90, 96
round()	144
Scanner	21
sin()	144
SJIS	125
sleep()	136
split()	144
sqrt()	144
static	88, 108, 112
String	14
String.format()	19
substring()	80, 144
switch	83
tan()	144
this	110
Thread.sleep()	136
toString()	110
true	92
try	119

索引

try-with-resources　119

UTF-8　124

void　96

while　51, 56

あ 行
値型データ　65
値を返さないメソッド　96
アノテーション　112
余り　8
入れ子　30, 42
インスタンス　104
インスタンスの作成　105
インスタンス変数　105
インスタンスメソッド　107
インデント　29
インヘリタンス　114
演算子　2
大文字と小文字　25
大文字変換　81
オーバーライド　111
オブジェクト　104
オブジェクト指向　104
親クラス　114

か 行
改行　11
カウンタ　36
カウントダウン　44
拡張 for　67
掛け算　8
型　14
カッコ　2
カプセル化　110
仮引数　88, 90
キャスト　19
クラス　88, 104
クラス変数　112
クラスメソッド　108
繰り返し　36
継承　114
降順　62
構文　27
子クラス　114
コメント　3
小文字変換　81
コンストラクタ　108

さ 行
再帰　99
サブクラス　114
差分プログラミング　115
参照　65, 98
参照型データ　65
字下げ　29
実数　14
実引数　90
条件分岐　27
昇順　62
剰余　8
初期化　17, 60
初期値　17, 60
スーパークラス　114
整形　17
整数　14
静的メソッド　108
絶対値　33
総和　39, 40
添字　58
ソート　62

た 行
代入　16
タイプ　14
多次元配列　69
足し算　8
タブ　11
タブ位置　11
定数　46
でこぼこな配列　73
デバッグ　4

な 行
内部表現　79
流れ図　4
二重ループ　42
入力　21
ネスト　30

は 行
配列　58
配列の大きさ　60
配列のコピー　66
配列の初期化　60
配列の代入　65
バグ　3
比較演算子　29
引き算　8

引数　88
否定　30
ファイル　119
ファイルからの入力　123
ファイルへの出力　120
フィールド　105
部分文字列　80
プログラミング　1
プログラム　1
フローチャート　4
変数　14
変数宣言　15
変数の初期化　17
ポリモーフィズム　117

ま 行
メソッド　2, 87
メソッドオーバーライド　110
メソッドオーバーロード　93
メソッドに配列を渡す　95
メソッド呼び出し　89
メンバ変数　105
文字　10, 14, 75
文字コード　124
文字の検索　77
文字の取り出し　76
文字の比較　78
文字列　6, 14, 75
文字列の逆転　78
文字列の検索　80
文字列の削除　81
文字列の置換　81
文字列の長さ　75
文字列の比較　75
文字列の連結　9
戻り値　88, 90

ら 行
乱数　47
リソース　119
例外　119
ローカル変数　88
論理型　14, 92
論理積　30
論理和　30

わ 行
割り算　8

著者略歴

飯塚　泰樹（いいづか・やすき）
1991 年　東北大学大学院修了　松下電器産業㈱入社
2010 年　東海大学准教授
2016 年　東海大学教授
　　　　現在に至る．博士（情報理工学）

大森　康朝（おおもり・やすとも）
2001 年　東海大学理学部情報数理学科卒業
2001 年　東海大学技術支援課入職
　　　　現在に至る

松本　哲志（まつもと・さとし）
1998 年　九州大学大学院博士課程修了
1998 年　東海大学助手
2007 年　東海大学准教授
　　　　現在に至る．博士（理学）

木村　功（きむら・いさお）
1995 年　東海大学理学部情報数理学科卒業
1995 年　東海大学技術支援課入職
　　　　現在に至る

大西　建輔（おおにし・けんすけ）
1995 年　神戸大学大学院修了
1998 年　電気通信大学助手
2004 年　東海大学講師
2013 年　東海大学准教授
　　　　現在に至る．博士（理学）

編集担当　宮地亮介・植田朝美（森北出版）
編集責任　富井　晃（森北出版）
組　　版　ウルス
印　　刷　シナノ印刷
製　　本　同

Javaで入門　はじめてのプログラミング
―基礎からオブジェクト指向まで―
© 飯塚泰樹・大森康朝・松本哲志・木村　功・大西建輔　2019

2019 年 9 月 10 日　第 1 版第 1 刷発行　　【本書の無断転載を禁ず】
2024 年 3 月 29 日　第 1 版第 3 刷発行

著　者　飯塚泰樹・大森康朝・松本哲志・木村　功・大西建輔
発行者　森北博巳
発行所　森北出版株式会社
　　　　東京都千代田区富士見 1-4-11（〒102-0071）
　　　　電話 03-3265-8341 ／ FAX 03-3264-8709
　　　　https://www.morikita.co.jp/
　　　　日本書籍出版協会・自然科学書協会　会員
　　　　JCOPY ＜(一社)出版者著作権管理機構　委託出版物＞

落丁・乱丁本はお取替えいたします．
Printed in Japan／ISBN978-4-627-85151-1

MEMO

MEMO

MEMO

MEMO

MEMO

MEMO

MEMO